Margarete Luise Goecke-Seischab

# Mit Stift und Papier

Margarete Luise Goecke-Seischab

# Mit Stift und Papier

## Kreativität, die Kindern Spaß macht

### 120 Vorschläge

Kösel

*D*ieses Buch mit allen darin aufgenommenen Spiel, Spaß- und Zeichenideen hätte ohne die vielen gut gelungenen Kinderzeichnungen so nicht entstehen können. Einige verdanke ich meinen eigenen Söhnen, andere befreundeten Kindern sowie Schülerinnen und Schülern. Die meisten Zeichnungen und Zeichenspiele aber haben Johannes und seine Schwester Corinna erst kurz vor Vollendung des Manuskriptes beigesteuert. Bei ihnen allen bedanke ich mich, auch wenn ich mich nicht mehr in allen Fällen daran erinnern kann, von wem welche Zeichnung stammt.

ISBN 3-466-36489-2

© 1998 by Kösel-Verlag GmbH & Co., München
Printed in Germany. Alle Rechte vorbehalten
Druck und Bindung: Kösel, Kempten
Umschlag: Elisabeth Petersen, München, unter Verwendung einer von der Autorin gelieferten Vorlage

1 2 3 4 5 · 02 01 00 99 98

# Inhalt

# II.

## Wenn du Langeweile hast, dann nimm Stift und Papier ...

## III.
## Sieh dich um und erzähle in Bildern, was du alles siehst

# IV.

## Was du mit Mutters alter Schreibmaschine und in Vaters Büro alles machen kannst..... 99

# V.

## Mit Werkzeug aus der Küche, der Knopfkiste oder aus dem Werkzeugschrank

# VI.

## In den Ferien, am Strand, im Wald, zu Hause

# VII.

# VIII.

# IX.

## Wenn Gedichte zu Bildern werden ...

# X.

## Anhang

# Vorbemerkungen

Scheinbar mühelos und selbstverständlich erzählen Kinder in ihren Bildern alles, was sie wissen, was sie erlebt haben oder wovon sie träumen. Die kindliche Phantasie scheint unerschöpflich. Langam füllen sich die Wände des Kinderzimmers mit großen und kleinen farbenfrohen Bildern.

Doch dann, eines Tages, stellt auch das phantasiebegabteste Kind die unvermeidliche Frage: »Was soll ich nur malen, ich langweile mich so?« Nun sind Sie als Eltern und Erwachsene gefordert, Sie sollen mit immer neuen Ideen und Anregungen weiterhelfen.

Für diesen Fall – zum Beispiel, wenn es tagelang regnet und Kinder sich drinnen beschäftigen müssen, oder unterwegs, wenn einmal eine Pause zwischen allzu wilden Spielen im Freien nötig wird, will unser Buch mit vielen Zeichen- und Mal-Ideen weiterhelfen.

## Für welches Alter sind die Vorschläge geeignet?

Vor allem im ersten Teil des Buches finden Sie eine ganze Reihe auch schon für jüngere Kinder (ab 4 Jahren, Vorschulalter) geeignete Zeichenspiele und Mal-Ideen. Einige davon sind sogar von älteren für jüngere Geschwister erdacht.

Andere Vorschläge lassen sich mühelos vereinfachen oder, noch besser, den individuellen Interessen der Kinder anpassen. Ersetzen Sie den vorgeschlagenen Bildinhalt einfach durch einen, von dem Sie glauben, dass er den Kindern, ihrem Sohn, ihrer Tochter Spaß macht.

Ältere Kinder, die schon lesen, werden sich ihre Anregungen beim Blättern im Buch selber suchen. Für sie sind die kurzen Texte gedacht, die direkt ansprechen wollen.

So können sie sich ganz ohne Hilfe mit Stift und Papier, mit Pinsel und Farbe beschäftigen und sehr kreativ sein.

Seien Sie unbesorgt, die beigegebenen Zeichnungen werden die Kinder nicht zum Abmalen verleiten. Sie sind ehrgeiziger, als wir denken. Sie lassen sich zwar gerne anregen, entwickeln dann aber doch ganz eigene Ideen.

Vielleicht sprühen Ihre Kinder aber auch vor Einfällen und benötigen kaum inhaltliche Anregungen, probieren aber gerne neue bildnerische Techniken aus. Umso besser! Sie können dann natürlich auch die Beispiele entdecken, die ihnen zeigen, wie vielseitig sie Vaters Kopiergerät nutzen können. Dann lässt sich nur noch hoffen, dass der Spaß nicht zu teuer wird!

## Wie viel und welches Material wird gebraucht?

Für die meisten Vorschläge benötigen Sie kaum mehr Material als das, was in jedem Haushalt ohnehin greifbar ist:

Immer wieder Nachschub an einfachem, weißem oder getöntem Papier. Besorgen Sie sich für den Anfang am besten in einer Druckerei Papierabschnitte in unterschiedlichen Formaten, dazu allerlei Blei- und Buntstifte, auch Wachskreiden und Filzstifte.

Schwarze und bunte Fineliner, ein weißes, unliniertes Heft wären schön.

Später kommen Pinsel, ein guter Deckfarbenkasten und Malblock und für ältere Kinder auch Kohle, ein Radiergummi aus Plastik und eine alte Zahnbürste hinzu.

Schere, Klebstoff und nach Bedarf Pack-, Pergament- und Zeitungspapier sind sicher auch vorhanden.

Ach ja, den Papierkorbinhalt und Mutters alte Schreibmaschine und Vaters Computer hätten wir beinahe zu erwähnen vergessen. Denn zugegeben, manche der vorgeschlagenen Gestaltungen sind auch etwas verrückt.

Was beispielsweise lässt sich in Vaters Büro, mit Omas Knopfkiste, mit Packpapier, am Strand oder gebrauchten Briefumschlägen alles anstellen?

Da wir die Kreativität unserer Kinder auch zeitgemäß fördern wollen, gehören eben auch der Computer und das Kopiergerät dazu, selbst dann, wenn sie in vielen Haushalten noch nicht zu finden sind.

## Welche Zielgruppe möchten wir ansprechen?

»Mit Stift und Papier« ist für Eltern gedacht, die ihre Kinder zu Hause, unterwegs oder in den Ferien *selbst* kreativ fördern möchten. Dazu soll dieses Buch ausdrücklich ermuntern.

Es wird aber auch Erzieherinnen und Erziehern in Kindergärten, Hort und Freizeitstätten, ebenso Lehrerinnen und Lehrern in Grund- und weiterführenden Schulen – sofern sie Kinder zwischen 5 und 12-13 Jahren betreuen – eine wertvolle Hilfe sein.

Ihnen hoffe ich mit diesen Gestaltungsvorschlägen die Vorbereitung für Gruppenarbeit, Unterricht und kreative Freizeitgestaltung sehr zu erleichtern.

In diesem Sinne wünsche ich Kindern und Erwachsenen viel Spaß und guten Erfolg beim gemeinsamen Zeichnen, Malen und Gestalten!

# Hallo, liebe junge Leserinnen und Leser,

*i*mmer wieder kommt es vor, dass ihr euch langweilt –
sei es, weil es regnet und der geplante Ausflug ins Wasser fällt
oder weil die Freunde, mit denen ihr verabredet ward, euch im
Stich gelassen haben.
Vielleicht habt ihr aber auch einfach nur zu nichts Lust und hängt
herum.
Aber das macht auf die Dauer auch keinen Spaß.
Was also tun?

Ganz einfach:
> Nehmt dieses Buch,
> steckt die Nase hinein,
> schmökert darin,
> schaut die Bilder an,
> lest die Texte
> oder lasst sie euch vorlesen.
> Und schon stellt ihr fest:
> Das kann ich auch!

Fein, dann kann es ja losgehen!
Nehmt Stift und Papier, fangt gleich an.
Kritzelt und zeichnet,
malt und gestaltet,
gerade so, wie es euch einfällt.
Natürlich könnt ihr euch ein bisschen von den
Bildern anregen lassen,
dazu ist das Buch ja da.
Aber klappt es dann
schnell wieder zu.
Abzumalen brauchen
wir doch nicht.

Erfindet ganz viele eigene Bilder und Spiele!
Wir wünschen euch, dass ihr dabei viel Spaß habt und
dass es euch dann überhaupt nicht mehr langweilig ist!

# I.
# Wenn kleine Kinder kritzeln, malen, Bilder machen wollen ...

**... dann** folgen sie einem ganz normalen Nachahmungs- und Betätigungsdrang. Wie sie es bei älteren Geschwistern oder bei Erwachsenen beobachten, wollen sie Zeichenspuren sichtbar werden lassen. Das können anfangs Löffelspuren im Milchbrei oder Fingereindrücke in der Sandkiste sein. Besonders beliebt sind in diesem frühen Entwicklungsstadium allerlei Krakelspuren an der Wand und auf dem Fußboden.

Mit der Zeit enstehen so aus scheinbar ziellosen Kritzeleien amorphe Gebilde, die erst wechselnd, dann eindeutiger benannt werden: »Mama«, »Papa«, bis sich nach und nach Gegenstände aus dem Umfeld der kindlichen Umwelt und Erfahrung erahnen lassen. Diese werden Schritt für Schritt im Vorschulalter weiter vervollkommnet (Haus, Baum, Opa, Mama, Auto ...). Ganze Bildergeschichten werden erfunden, ohne dass diese Entwicklung immer stetig zu sein braucht.

**... dann** ist es wichtig, geeignetes Material zum Kritzeln und ersten Zeichnen bereitzuhalten: einfaches Papier und holzgefasste Stifte, später auch Wachsmalkreiden und Buntstifte. Es wäre nicht sinnvoll, würde man Kleinkindern zu früh, zu viel und zu kostbares Material anbieten.

18

**... dann** finden Kleinkinder ihre ersten Bildthemen ganz von selbst. Kindergartenkinder – noch nicht zeitlich so verplant wie Schulkinder – malen auch zu Hause besonders viel und phantasiereich. In dieser oft sehr kreativen Phase lassen sie sich immer wieder gerne von Erwachsenen anregen. Gefragt sind sachliche Themen aus der Umwelt, alles, was sie erlebt, gesehen oder sich ausgedacht haben, aber auch Schnurriges und Phantastereien, Märchen- und Spukbilder zeichnen manche gerne.

Hin und wieder macht besonders in diesem Alter das Malen zusammen mit Freunden Spaß. Aber auch alleine beschäftigen sich Klein- und Kindergartenkinder gerne mit Zeichnen und Malen. Leider überfordern wir sie allzu oft zu früh mit einem unnötigen Überangebot an neuen Bildtechniken und für das Alter ungeeigneten Materialien, statt in Ruhe erst einmal die natürliche Gestaltfindung abzuwarten und diese sich festigen zu lassen. Auch beim bildnerischen Gestalten unserer Kinder gilt: Weniger ist oft mehr!

Katze

# *... dann könnten sie zum Beispiel diese Bilder malen*

Familie

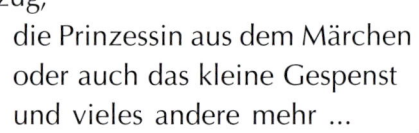

PAPA   Mama

Vater und Mutter,
den kleinen Bruder,
die Schwester,
die ganze Familie beim Frühstück,
Oma und Opa,
ihr Haus,
Mutters Auto,
ihr Lieblingskuscheltier,
den Elefanten aus dem Zoo,
den Osterhasen,
einen Baum,
Blumen auf der Wiese,
einen Eisenbahnzug,

die Prinzessin aus dem Märchen
oder auch das kleine Gespenst
und vieles andere mehr ...

Baum   Hasen

Ein paar Bilder von anderen Kindern
findest du hier abgebildet.
Die nächste Seite ist für dich.
Male dort hinein, was du selbst gerne malen möchtest.

Bär

20

Hier male deine Bilder gleich selbst hinein ....

# Kannst du diese Drachenschnüre entwirren?

Auf diesem Bild siehst du Johannes mit Corinna.

Sie haben viele Bilder für dieses Buch gemalt und sich auch Bildergeschichten zum Malen ausgedacht.

Hier lassen sie gerade ihre Drachen steigen.

Doch, wie ärgerlich!

Die beiden Drachenschnüre haben sich total verheddert.

Was ist zu tun? Kannst du helfen?

Nimm einen Buntstift, folge damit erst der einen, dann der anderen Schnur von der Hand zum Drachen.

Male selbst ein solches Bild für deine Freunde.

Vielleicht haben sie auch Spaß am Fädenentwirren.

# Bilder auf Packpapier kleben

**E**rst malst du auf weißem Papier
alles, was auf deinem Bild
zu sehen sein soll:
eine Sonne und Wolken am Himmel,
drei Vögel hoch in der Luft.
Auch Gras und Bäume
und einen Drachen mit lustigem Gesicht.
An einer langen Leine steht er hoch im Wind.

Nimm dann eine Schere und Klebstoff,
schneide alle schön gemalten Einzelteile aus
und klebe sie auf braunem Packpapier
zu einem fröhlichen Bild!

# So sieht unser Frühstückstisch aus

Corinna und Johannes sitzen am Tisch.
Sie frühstücken gerade.
Erkennst du,
was alles auf dem Tisch
zu sehen ist?

Und wie sieht euer Tisch aus,
wenn du frühstückst,
wenn du zu Mittag oder zu Abend isst?
Und was alles soll auf deinem Geburtstagstisch stehen?
Vergiss nicht mitten darauf einen schönen bunten Blumenstrauß zu malen!

# Alle Freunde
## sind versammelt ...

*U*nd wo ist der Fotograf geblieben?
Male ihn dazu ...
Male dann ein Bild, auf dem du und alle deine Freunde zu sehen sind.

# Klecksbilder klecksen und weiterzeichnen

**N**imm mit dem Pinsel tüchtig viel Farbe aus deinem Malkasten.
Statt zu malen, wie du es gewohnt
bist,
kleckse etwas Farbe
auf einen Bogen
weißes Papier.
Falte dann den Bogen in
der Mitte,
reibe mit der Hand
darüber,
schau gleich nach,
wie du die flüssige Farbe
zu einem Klecksbild ver-
quetscht hast.

Mit etwas Phantasie
kannst du in die Kleckse
Figuren hineindenken.
Helfe mit Stiften etwas nach, damit auch
andere dein Bild erkennen.
Hier eine Linie nachziehen,
dort Augen und Ohren einsetzen, den Puschel-
schwanz nicht vergessen.
Fertig ist das Nagetier: Katze, Maus,
Hamster ...
oder ist es gar ein Bär?

26

# Nicht nur Mädchen lieben kunterbunte Muster

Corinna malt am allerliebsten
schöne bunte Muster.
Siehst du die bunten Linien,
die Zickzackformen,
die Kringel und Kreise
in Rot und Blau,
in Rosa und Gelb?
Manchmal sind auch Dreiecke zu sehen
und allerlei Blumen
und Blätter.
Und manchmal werden
aus den Mustern
Fabelwesen,
Drachen,
Libellen
Feen,
Seejungfrauen
oder Hexen.

Erfinde noch viel schönere Muster
in kunterbunten Farben ...

27

# Was auf diesem Bild zu sehen ist, das kannst du raten ...

*E*s ist der erste Schultag.
Siehst du das Kind mit der Schultüte?
Es kommt gerade
mit der Mutter aus der Schule.

Später malt es ein Bild.
Erst von sich mit der Schultüte,
dann von der Schule.
So sieht es dort aus.
Neben der Tafel steht die Lehrerin.
Sie trägt eine Brille.
Vor ihr sitzen die Schulkinder
auf kleinen Stühlen an kleinen Tischen.
Was entdeckst du noch alles in diesem Schulzimmer?

Wie sieht es bei dir
im Kindergarten
oder in der Schule
aus?
Erzähle in einem Bild.
Male die Kinder,
die Kindergartentante
oder deine Lehrerin,
deinen Lehrer im
Schulzimmer.

28

# Wo ich wohne –
## Einen Stadtplan zeichnen

*E*rzähle mir doch, wo du wohnst.
Kennst du deinen Kindergartenweg?
Zeichne mir auf, wie ich gehen muss,
um dich abzuholen.
Erst rechts aus dem Haus,
die Straße entlang, du siehst die Kirche ...

# Auf unserem Spielplatz –
# Wimmelbilder zeichnen

Es wuselt und wimmelt auf diesem Spielplatz!
Kinder purzeln, rennen, stolpern, schreien.
Sie klettern und fallen, sie lachen und plantschen
sie klettern und rutschen,
sie hüpfen und sausen.
Kannst du erkennen, was alles zugleich passiert?

Und wie geht es auf eurem Spielplatz zu,
auf dem Schulhof, dem Sportplatz,
bei der Kirmes, ...?

Malst du auch ein Wimmelbild?

30

# Einladung
## zur Geburtstagsparty

**D**u hast Geburtstag und willst deine
Freunde einladen:
Tim und Bine,
Klaus und Ulli,
Lisa, deine Nachbarin,
auch den frechen Dominik.
Allen malst du
einen bunten, schönen Brief,
damit sie kommen.

Hinter dem Geburtstagstisch
mit der Kerze und dem Kuchen
und dem riesen Blumenstrauß
sollen sie dich erstmal suchen.

Mama schreibt den Text darauf,
auch die Uhrzeit zum Besuch,
und den Namen nicht vergessen,
schnell gibst du die Briefe ab.

# Strichelbilder zum Nachmalen

Du hast kleinere Geschwister oder Freunde, denen du eine Freude machen willst?

Dann strichele oder tüpfele ihnen doch ein paar Bildvorlagen zum Nachmalen, so wie Johannes es sich für seine kleine Schwester ausgedacht hat. Sie brauchte nur noch mit verschiedenen Farbstiften die Punkte entlangzufahren, und schon war das Bild fertig.

Hast du auch Ideen für Tüpfelbilder?
Dann mache doch ein ganzes Malbuch daraus!
Das macht dir Spaß beim Ausdenken,
den anderen macht es Spaß beim Nachmalen.

# »Punkt, Punkt, Komma Strich, fertig ist das Mondgesicht«

*D*u kennst diesen Spruch,
aber so einfach wollen wir
es uns doch nicht machen!

Sieh her, was du aus
Punkt, Punkt, Komma, Strich-Gesichtern
alles machen kannst!

Wie viele verschiedene Faschingsköpfe
fallen dir ein?

Kinderleicht, sagst du, bin schon fertig?
Halt, nicht so schnell!
Nimm Schere, Papier und Klebstoff,
Versuche Köpfe auszuschneiden,
verändere sie mit Perücken,
mit Schnurrbärten und Hüten.
Klebe alles fest.
Augen, Mund und Nase
zeichne ruhig ein,
das erleichtert dir die Sache.
Und wer hat nun die
schönsten Köpfe?

33

# Kästchenbilder zeichnen

**W**er von euch zeichnet
die lustigsten Kästchenbilder?

Wie ihr das machen sollt?
Nichts einfacher als das:
Fangt unten auf der Seite an,
zeichnet Kästchen auf Kästchen.
Alle sollen etwa gleich groß sein.

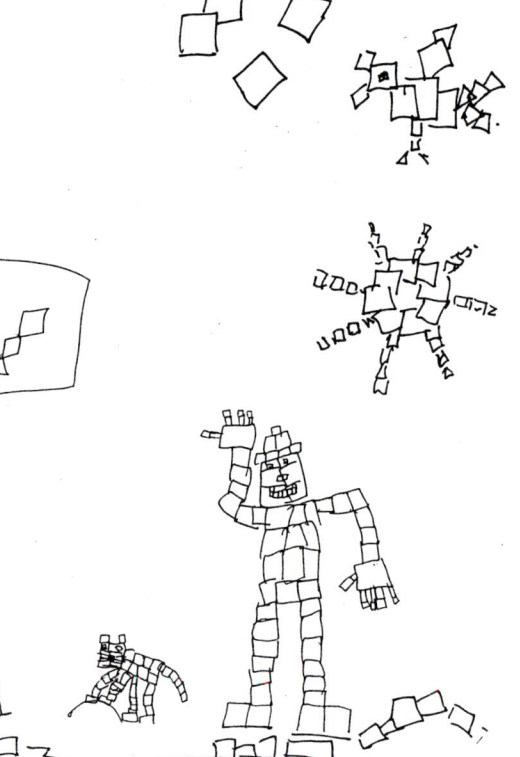

Stapelt sie richtig aufeinander,
bis daraus Menschen, Tiere,
Bäume, Pflanzen, Häuser
und sonst alles entsteht,
was ihr euch so aus-
denkt.

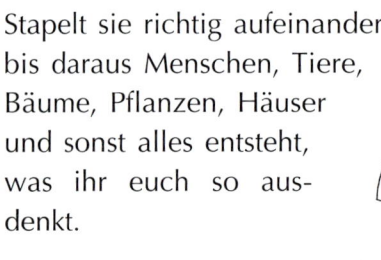

Zum Schluss
vergleicht eure
Bilder.
Wer hatte die
besten Einfälle?

34

# ... oder erzählst du aus dem Dreieckland?

**A**uch mit kleinen und großen Dreiecken
lassen sich originelle Bilder gestalten.
Setze einfach alles,
was du zeichnen möchtest
aus Dreiecken zusammen,
Häuser, Bäume, Menschen, Tiere ...

... Und wie könnten dann Bilder aus dem
Kreisland aussehen?
Laß dir etwas Lustiges dazu einfallen!

35

# Die Prinzessin auf der Erbse

*D*as Märchen von der kleinen Prinzessin, die so zart und empfindlich war, dass sie nicht schlafen konnte, weil eine Erbse unter ihrer Matratze lag, hast du wohl schon gehört. Die Gebrüder Grimm haben in dieser Geschichte von dem Prinzen erzählt, der ganz unglücklich war, weil er heiraten wollte und einfach keine echte Prinzessin fand. Hier ein Stück von diesem Märchen:

Als nun eines Nachts nach einem schweren Unwetter eine junge Frau tropfnass an das Schlosstor pochte, um Einlass bat und sagte, sie sei eine echte Prinzessin, da dachte die alte Königinmutter, das werde ich schon herausfinden, ob sie wirklich eine echte Prinzessin ist. Sie nahm alles Bettzeug aus dem Bett, indem die kleine Prinzessin schlafen sollte, legte eine alte, harte Erbse auf das Bettgestell und ließ zwanzig dünne und dicke, auch harte und ein paar weiche Matratzen und auch ein paar Decken von den Bediensteten aus dem ganzen Schloss herbeischleppen. Sie türmten sie im Bett der kleinen Prinzessin übereinander, bis kaum mehr Platz zum Schlafen war.
Am nächsten Morgen klagte die kleine Prinzessin:
»Kein Auge habe ich die ganze Nacht zugemacht! Au weh, und mein Rücken ist voll blauer Flecken! Nein, da ist etwas in meinem Bett, ich spüre es und ich befehle, dass es entfernt wird!«

Kannst du dir die kleine Prinzessin in ihrem Himmelbett vorstellen? Zeichne jede Matratze mit einem anders gemusterten Bezug, damit man die vielen Matratzen auf deinem Bild leicht zählen kann.

36

37

# Das kleine Gespenst

Wahrscheinlich
kennst du die Geschichte
vom kleinen Gespenst.
Es spukt herum,
ärgert böse Leute,
ist aber lieb zu kleinen Kindern.
Das kleine Gespenst
ist ein lustiges Gespenst.
Es stellt allerlei an,
treibt mit den Leuten Schabernack,
und wenn man es fangen will,
husch, schon ist es fort.

Male einmal das kleine Gespenst,
wie es gerade durch die Luft saust.
Siehst du,
es schaut ganz lieb.
Was es wohl gerade wieder ausheckt?

Vielleicht bittest du deine Eltern,
dir die Geschichte
vom kleinen Gespenst einmal vorzulesen.
Bis dahin sieh es dir hier an ...

# ... und so kannst du eine Gespensterburg zeichnen

Denke dir eine lustige Geschichte zu diesem Bild aus.
Entdeckst du den kleinen König?
Oder ist die Gestalt mit der Krone auf dem Kopf etwa eine Prinzessin?
Und was tun die beiden kleinen Ritter?
Erzähle deine Geschichte dazu und zeichne sie weiter!

# Der böse Riese aus dem Märchen

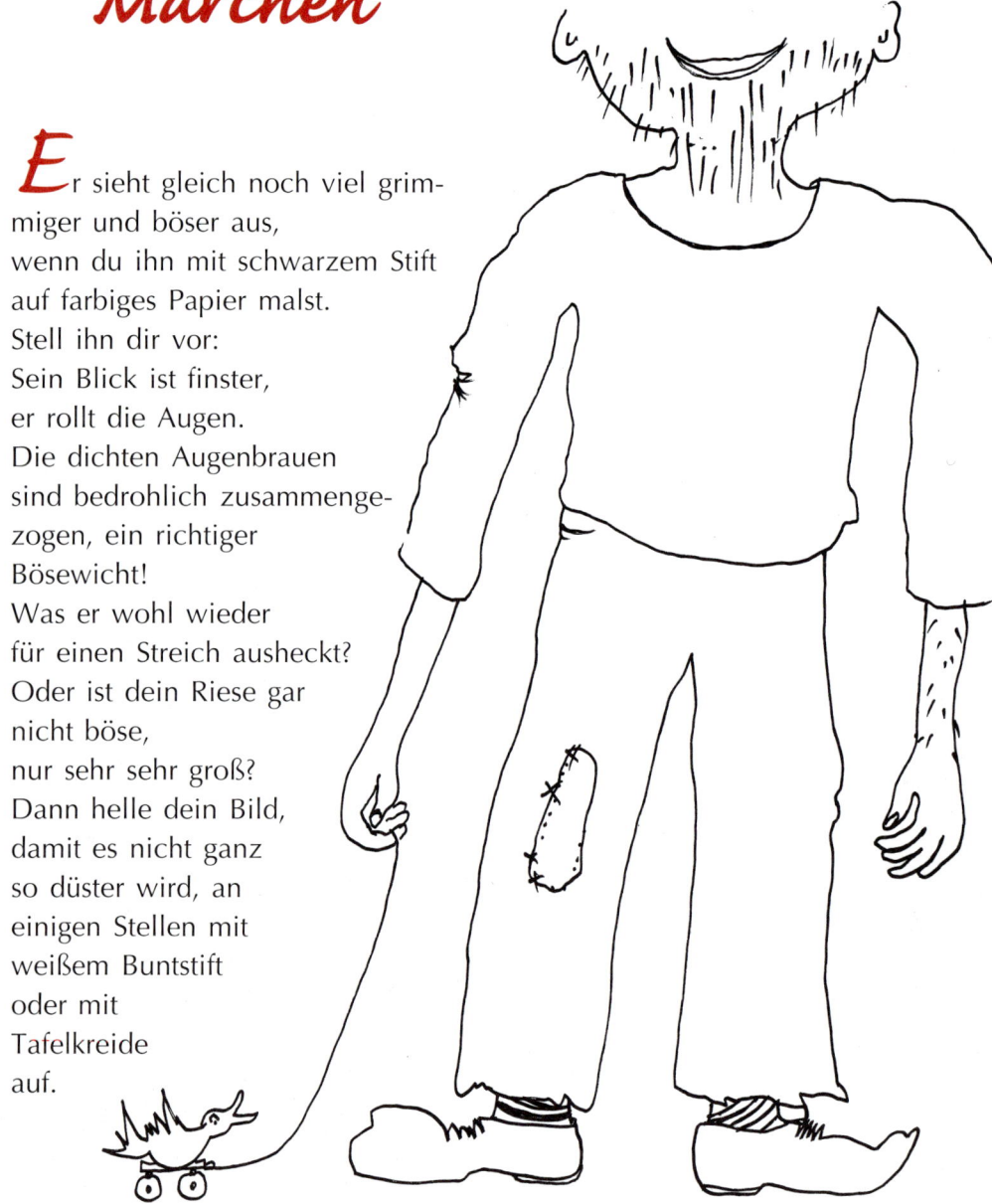

*E*r sieht gleich noch viel grim-
miger und böser aus,
wenn du ihn mit schwarzem Stift
auf farbiges Papier malst.
Stell ihn dir vor:
Sein Blick ist finster,
er rollt die Augen.
Die dichten Augenbrauen
sind bedrohlich zusammenge-
zogen, ein richtiger
Bösewicht!
Was er wohl wieder
für einen Streich ausheckt?
Oder ist dein Riese gar
nicht böse,
nur sehr sehr groß?
Dann helle dein Bild,
damit es nicht ganz
so düster wird, an
einigen Stellen mit
weißem Buntstift
oder mit
Tafelkreide
auf.

40

# Dinosaurier stapfen durch den Wald

Jeder kennt Dinos.
Du weißt sicher auch, wie sie aussahen.
Aber kannst du sie auch malen?
Und weißt du ihre Namen?

Schau dir Stefans Dinos an.
Einer nach dem anderen stapfen sie voran,
erst der alte Bracciosaurus, dann die anderen.
Alle haben stämmige Beine,
einen mächtigen, oft großen Körper
und einen kleinen Kopf.
Stelle dir die Farne und Büsche vor,
durch die deine Dinos spazieren
und male ein schönes Bild davon.

① Brachiosaurus
② Brontosaurus
③ Dimetrodon
④ Ankylosaurus
⑤ Riesenechse
⑥ Triceratops

42

# Es war einmal – Märchen-bilder malen

Welches ist dein Lieblingsmärchen?
Hast du es schon einmal gemalt?

Bist du schon auf die Idee ge-
kommen,
einen dunklen Bogen Zeichen-
papier oder
ein Packpapier zu nehmen

und mit verschiedenen Wachsmalkreiden
oder hellen Buntstiften (weiß, rosa, hellblau ... )
die Geschichte zu malen?
So wird alles viel geheimnisvoller, was du malst.
Oder kannst du raten, welche Märchen auf den beiden Bildern
dargestellt sind?
Erkennst du Hänsel und Gretel? Oder ist Rotkäppchen gemeint?
Oder ...
Male gleich selbst ein Bild
von deinem Lieblingsmärchen.

# Neulich warst du im Tierpark

*E*rzähle doch,
welche Tiere
dir am besten gefallen haben.
Kannst du sie zeichnen?

Hier siehst du einige Tiere
abgebildet,
die andere Kinder gemalt haben:
eine Giraffe,
das Krokodil mit dem auf-
gerissenen Rachen,
einen Pfau, der ge-
rade Rad schlägt
und einige
Vögel.

An welche
Tiere erinnerst
du dich?

44

# Elefantenparade

Was, du kennst die Elefantenparade noch nicht?
Und deine Freunde auch nicht?
Dann lasst uns eine zeichnen.
Und das geht so:
Jeder und jede malt einen Elefanten und schneidet ihn sorgfältig aus.
Vielleicht helfen auch Eltern, Geschwister und Freunde mit.
Sammelt so viele Elefanten wie möglich,
egal ob mit fröhlich hoch erhobenem
oder mit herabhängendem,
mit dickem oder dünnem und langem Rüssel.
Ordnet sie in einer langen Reihe, dass es lustig aussieht.
Das gelingt am besten, wenn alle Elefanten in die gleiche
Richtung laufen.
Schön wäre natürlich ein langes Stück dun-
kelbraunes oder graues Packpapier zum
Aufkleben, damit die Tiere auch gut
zu erkennen sind.
Nun klebt sie alle auf, und
schon ist die Elefanten-
parade fertig.
Du brauchst sie nur
noch in deinem Zim-
mer an die Wand zu
hängen.

45

# Straßenkünstler malen draußen

Hat das Haus, in dem du wohnst
einen geteerten Hof?
Oder wohnst du an einer Spielstraße,
wo du ungefährdet von Autos
mit deinen Freunden spielen kannst?

Wenn das zutrifft,
dann malt doch einmal große Kreidebilder
auf den grauen Belag im Hof
oder an geschützter Stelle eurer Spielstraße.
Dazu braucht man nur ein kleines Stückchen Kreide
oder einen Gipsstein von einer Baustelle.
Vielleicht erlauben euch Eltern und Nachbarn
ausnahmsweise dieses fröhliche Spiel:
Zeichnet Hampelmänner,
euren Schornsteinfeger,
Häuser, Blumen,
einen Baum,
und alles, was euch in den Sinn kommt.
Wie ihr seht, malte Stefan ein Schiff und ein Haus,
schön wäre eine Witzfigur oder eine Eisenbahn.

Vor allem im Frühling, wenn ihr nach langer Zeit
wieder draußen spielen könnt,
macht die Straßenmalerei am meisten Spaß.
Schon der nächste Regenguß löscht alles wieder.
Dafür könnt ihr ganz neu beginnen.


Nur, vergesst lieber nicht, um Erlaubnis zu fragen,
sonst gibt es unnötig Ärger ...

...und auf dieser Seite kannst du dir schon einmal notieren, was du vor dem nächsten Regen auf deiner Straße alles malen möchtest.

# II.
# Wenn du Langeweile hast, dann nimm Stift und Papier ...

Malen und Zeichnen sind erprobte Mittel, Kindern die Langeweile zu vertreiben.

Nicht nur, daß sie sich mit Stift und Papier weitgehend selbstständig, relativ still und ohne großen Aufwand beschäftigen können, auch für ihre kreative Entwicklung sind solche schöpferischen Beschäftigungen von großem Nutzen.

Zeichnen und Malen fördern nicht nur das lineare und farbige Vorstellungsvermögen, später auch das der räumlichen Darstellung, sondern vor allem auch die Phantasie.

Leider greifen wir mehr und mehr und allzu früh zu anderen Möglichkeiten, Kinder bei schlechtem Wetter zu Hause zu beschäftigen. Natürlich ist es bequemer, sie fernsehen, mit dem Computer spielen oder Kassetten hören zu lassen. Aber versäumen sie bei dieser überwiegend rezeptiven Beschäftigung nicht viel kostbare Zeit, in der sie selbst etwas gestalten und praktisch erfahren könnten? Eine gute Mischung von beidem wäre sicher ideal. Für diese kreativen Phasen finden sich allerlei Anregungen auf den folgenden Seiten.

# Male dich selbst, wer bist du?

Schau dich in einem Spiegel genau an
und zeichne deinen Kopf, dein Gesicht mit Nase, Augen, Augenbrauen.
Runzle nur deine Stirn nicht so!
Es geht ganz leicht, wenn du dich nur genau beobachtest:
Hast du glattes, langes oder kurzes und gekraustes Haar?
Sieht man deine Ohren oder sind sie verdeckt?
Ist deine Nase lang und gerade oder eher kurz und breit?
Und wie sieht dein Mund aus, wenn du lachst?


Zeichne alles so gut du kannst, und wenn du Lust hast,
schreibe dazu noch deinen Steckbrief :
deinen Namen,
wo du wohnst,
wie viele Geschwister du hast, und wie sie heißen.
Natürlich ist auch dein Hobby wichtig für den Steckbrief:
ob du Pferde magst und Katzen,
oder wie dein Goldfisch heißt.

50

Was isst du am liebsten?
Nenne auch deine Lieblingsfarbe!
Welche Spiele spielst du gerne?

Vergiss auch nicht aufzuschreiben, was du am allermeisten hasst:
das Zimmer aufräumen,
Hausaufgaben machen,
den Hund ausführen;
oder Spinat zu essen?
Wie heißt
dein bester Freund,
die allerbeste
Freundin?

# ... oder träume, was du dir wünschst

... **dann** sieht es in deinem Kopf vielleicht so aus:

Mache doch ein Bild daraus!

# Und welches sind deine Hobbies?

Was machst du am liebsten?
Schlafen und essen?
Wandern und schwimmen?
Lesen und malen?
Turnen und Eisenbahn spielen?
Radio hören oder skaten?

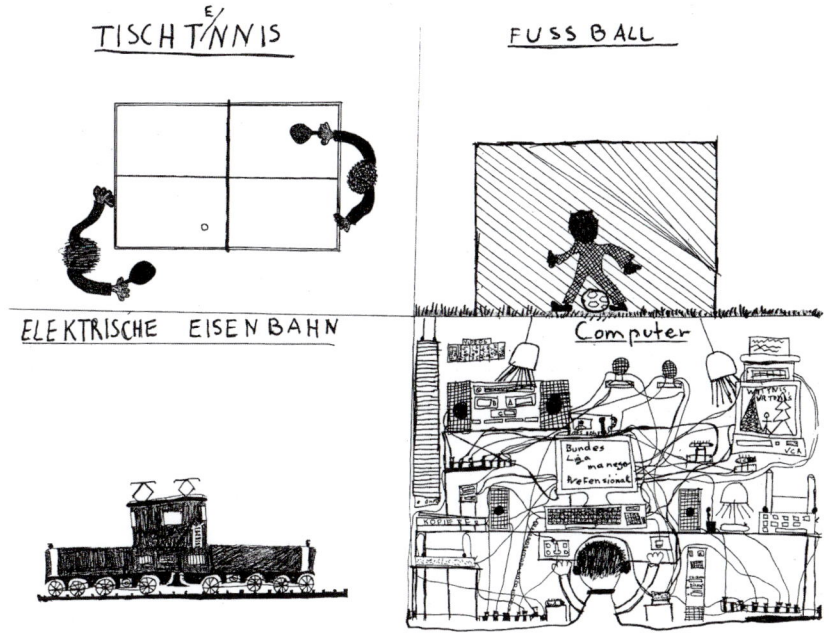

TISCHTENNIS

FUSSBALL

ELEKTRISCHE EISENBAHN

Computer

Zeichne doch einmal deine Hobbies auf!

# Erfinde Geisterköpfe

*D*u langweilst dich
immer noch?
Dann erfinde doch
Geister- oder
Gespensterköpfe.
Alles ist erlaubt.
Lange dünne Hälse,
dicke Backen, gelockte
oder kurze Haare,
abstehende Ohren und Glubschaugen,
sogar Hörner auf der Stirn,
Warzen auf der Nase
und Ringe im Ohr.
Erfinde auch Muster und Schnörkel,
tupfe und strichele, bis dir das Bild gefällt.
Wenn du welche hast, dann verwende
verschiedenfarbige Bunt- Filz- oder
Zeichenstifte.
Lasse dich von den abgebildeten Köp-
fen anregen!

54

# ... *oder denk dir verrückte Geräte aus*

die Laufmaschine für Hunde,

den Reparaturdienst, der alles kann ...

Was fällt dir ein?

# ... oder erfinde einen Wolpertinger

**U**nglaublich, du kennst den Wolpertinger nicht?
Den gibt es nur in Bayern,
und niemand weiß ganz genau,
wie ein Wolpertinger eigentlich aussieht.
Weißt du es?
Ein wenig sieht er aus wie Hund oder Luchs
ein bisschen wie Vogel und Reh,
manchmal auch eher wie Ente und Huhn;
oder ist auch ein Stück vom Ziegenbock dabei?
Wer weiß, vielleicht sieht er auch ganz ganz anders aus.
Hat er gar den Fuß von einer Kuh?

Wie löst sich das Rätsel?
Den Wolpertinger gibt es nur in den Köpfen
lustiger Leute.
Man sagt, er sei aus den verschiedenen
Teilen
von Wald- und Wiesentieren zusammen-
gesetzt.
Eben zum Beispiel aus dem Geweih eines
Rehs, den Pfoten eines Hasen,
dem Schwanz eines Fuchses und so fort.
Zeichne ein Tier, das vielen Tieren, die du
kennst, ähnlich sieht.
Zeichne deinen Wolpertinger so, als sei er aus
vielen Tieren zusammengesetzt.

56

Vielleicht hat er den Schnabel einer Ente,
Füße mit Schwimmhäuten wie ein Frosch,
den Schwanz vom Fuchs,
den langen Hals des Schwans,
Flügel wie ein Hahn und Schuppen
wie ein Fisch ...
Oder hat dein Wolpertinger etwa
Federn und ein Fell?
Erfinde solch ein Wundertier.
Wer wohl die meisten Tiere in seinem Wol-
pertinger versteckt?

# Und wie ist es mit dem garstigen Frosch, der sich in einen schönen Prinzen verwandelte?

Viele Märchen erzählen davon,
wie Tiere und Menschen verzaubert werden.
Plötzlich wird der hässliche Frosch
zu einem wunderschönen Prinzen
oder alle sieben Brüder verwandeln sich
in schwarze Raben und fliegen davon.

Mit viel Phantasie kannst du dir vorstellen,
wie das geschieht ...

Male erst den grünen Frosch mit großen Augen,
mit knubbeligen Füßen und Schwimmhäuten.
Dann, auf dem nächsten Bild
sieht man schon langsam den Prinzen entstehen.
Noch hat er einen Froschkopf, nur die Beine sind verwandelt.
Aber ist er nicht wunderschön gekleidet?
Verwende viele schöne Farben!

58

Und schwupp,
auf dem dritten Bild
ist der Frosch ganz ver-
schwunden.
Nun ist der Prinz mit der glück-
lichen Prinzessin zu sehen.
und wenn sie nicht
gestorben sind,
dann leben sie noch heute!

Erzähle auch
von den 7
Raben, die
früher 7 Brüder
waren, ehe
sie
verwandelt wurden.

59

# Zeichne, wie Dinge sich verwandeln

Johannes stellt sich gerne vor,
was alles passiert, wenn etwas passiert.
Und so denkt er sich oft Bildergeschichten aus.

Hier stellt er sich vor, wie er und seine Schwester malen lernten:
Zuerst waren es nur Kritzeleien,
dann zittrige Männchen und Strichmännchen.
Erst auf dem vierten Bild ist das Männchen so, wie er es haben möchte.

Ein andermal überlegte er sich,
wie es aussehen könnte, wenn eine Blume verwelkt.
Sieh, wie er sie gezeichnet hat.
Was für eine Bildergeschichte fällt dir dazu ein?

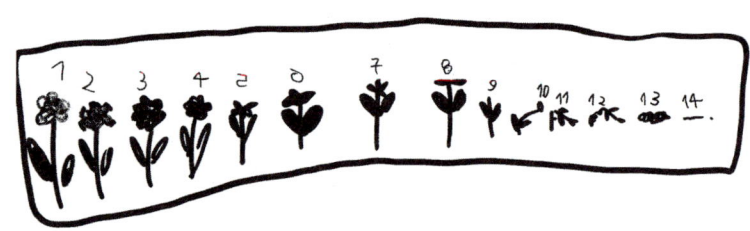

60

# Baue Luftschlösser

Hast du schon einmal den Wolken
zugeschaut?
Sie ballen sich am Himmel
zu großen weißen Haufen
zusammen.
Der Wind treibt sie,
und immer wieder verändern sie
ihre Form.
Den Wolken am Himmel zuzu-
schauen macht Spaß.
Erfinde doch ein Luftschloss,
in dem Gespenster ihr Unwesen
treiben.
Huuh, jetzt wird es unheim-
lich. –
Stimmt nicht,
nur fröhliche Gespenster
leben hier,
siehst du sie nicht herumflitzen,
einander jagen und Verstecken
spielen?
Erinnere dich an Burgruinen und Schlösser.
Oft sind ihre Türmchen alt und verfallen, Rosen und Efeu umranken das
Gemäuer, Wände bröckeln, Ziegel fehlen, lange stehen die Räume schon leer.
Das ist die richtige Umgebung für ein lustiges Geistertreiben ...

Lade deine Freunde ein und malt um die Wette.

# Zeichne Baupläne für Tiere

**W**enn Johannes Langeweile hat,
dann kommt er auf die ausgefallensten Ideen.
Neulich entwarf er Baupläne für Tiere.

»Siehst du«, sagte er zu seiner kleinen Schwester,
»mit dem Rüssel fängst du an (1 und 2),
schmückst ihn mit ein paar Runzeln (3).
Dann kommt der Kopf mit Augen und Maul (4),
die Riesenohren und Stoßzähne nicht vergessen (5),
jetzt malst du den ganzen Körper (6)
am Ende mit dem Quastenschwanz.
Fertig ist dein Elefant.«(7)


Weil es so gut ging, plant Johannes gleich eine Maus:
Einen Punkt für das Schnäuzchen, Schnurrhaare dazu,
einen länglichen Kopf, Auge und Körper,
zuletzt den Schwanz, lustig in die Höhe gestreckt.
Schon ist auch das Mäuschen da!


Versuch es selbst! Von welchem Tier machst du einen Plan?

# ... oder wie es auf dem Bahnhof zugeht

Da kommen Züge an mit Personen oder Güterwagen,
die Wagen rangieren, werden an- und abgekoppelt.
Zugführer schauen aus dem Lokomotivfenster,
Bahnbeamte rufen:

»Bitte einsteigen,
Türen schließen!«
Und schon rollt der Zug weiter,
zur nächsten Station.

Vieles ist zu sehen,
was du in einem Bild
festhalten könntest.
Versuche es einmal!

64

# Wer erfindet
# eine Supermaschine?

Dich begeistern
Maschinen?
Fein, dann denke dir dei-
ne eigene ganz verrückte
Maschine aus.
Wie die aussieht?
Nun, unten steht sie auf einem
festen Sockel,
darüber denke dir unendlich viele
Rädchen,
große, kleine, glatte und gezahnte,
und alle greifen ineinander.
Außerdem hat sie vielerlei Stangen, Blechteile, Ketten
und massenhaft Schalter und Hebel.
Alles ist irgendwie miteinander verbunden,
bewegt sich, rappelt, rattert, läutet und blinkt ...
Auch Glühbirnen und Elektrokabel sind zu sehen ...
Oder ist deine Erfindung eine Dampfmaschine?
Dann hat sie einen schwarzen Kessel
und Schwungräder wie eine alte Dampflokomotive.

Du willst wissen, wie alles richtig aussehen muss?
Keine Bange, deine Maschine soll nur interessant aussehen
und dir beim Erfinden großen Spaß machen.
Richtig zu funktionieren braucht das Superding nicht.
Oder glaubst du, dass es doch richtig läuft?

# Wer zeichnet das spannendste Erzählbild?

**S**iehst du den Jungen, wie er gerade auf den Baum steigt?
Schon ist er oben!
Ach du meine Güte!
Sieh nur, er springt von dort oben in den See.
Ob das wohl gut geht?

Pudelnass kommt er heraus.
Er schüttelt sich.
Er friert und rennt mit Riesenschritten nach Hause.
Was er dort wohl wieder anstellt?

Fällt dir auch so eine Geschichte ein? Dann mach doch ein Bild daraus!

# Figuren aus Zeitungs-
papier kleben

Sieh dir die lustigen Bilder
von Männern und Frauen
auf dieser Seite an.
Alle sind aus ausgeschnit-
tenen Buchstaben
und Zeitungsstücken
zusammengeklebt.

Willst du es nicht selbst
einmal versuchen?
Laß dir eine alte
Zeitung schenken,
suche für Nase, Mund
und Ohren
fett schwarz gedruckte
Buchstaben
und schneide sie aus.
Lege sie mit hellgrauen
und schwarzen Teilen
kleingedruckter Zeitungsartikel
zu einem lustigen Klebebild zusammen

Wie sehen deine Zeitungspapier-
Menschen aus?

# Hoppe, hoppe Reiter ...

*... wenn er fällt, dann schreit er.*
*Fällt er in den Graben, fressen ihn die Raben.*
*Fällt er in den Sumpf, macht der Reiter plumps.*

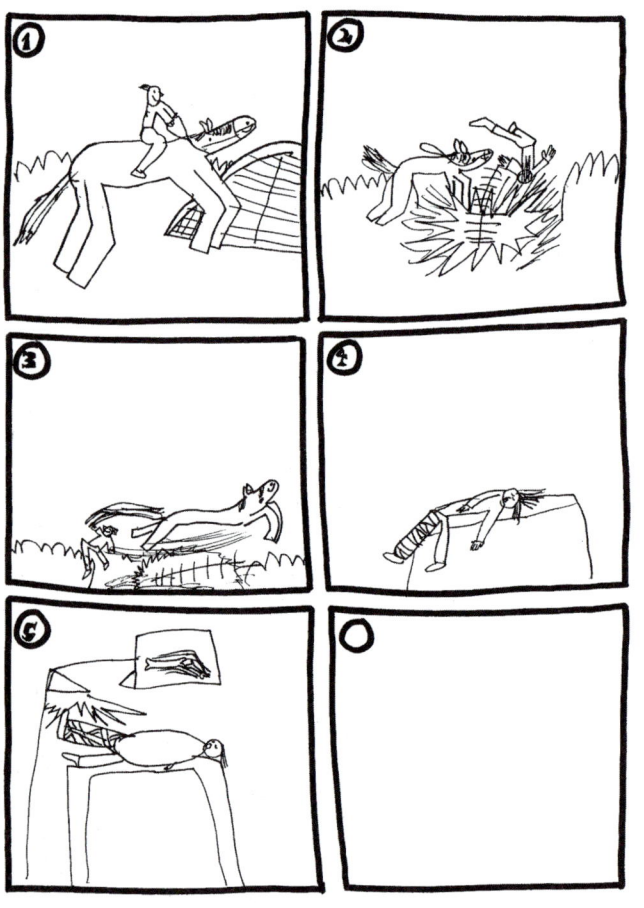

Auf den ersten fünf Bildchen, die Johannes gezeichnet hat,
siehst du den Anfang der Geschichte.
Wie, denkst du, könnte sie weitergehen?
Zeichne sie zu Ende oder, noch besser, erfinde doch eine ganz neue Geschichte.
Auf der nächsten Seite findest du den Rahmen dafür.

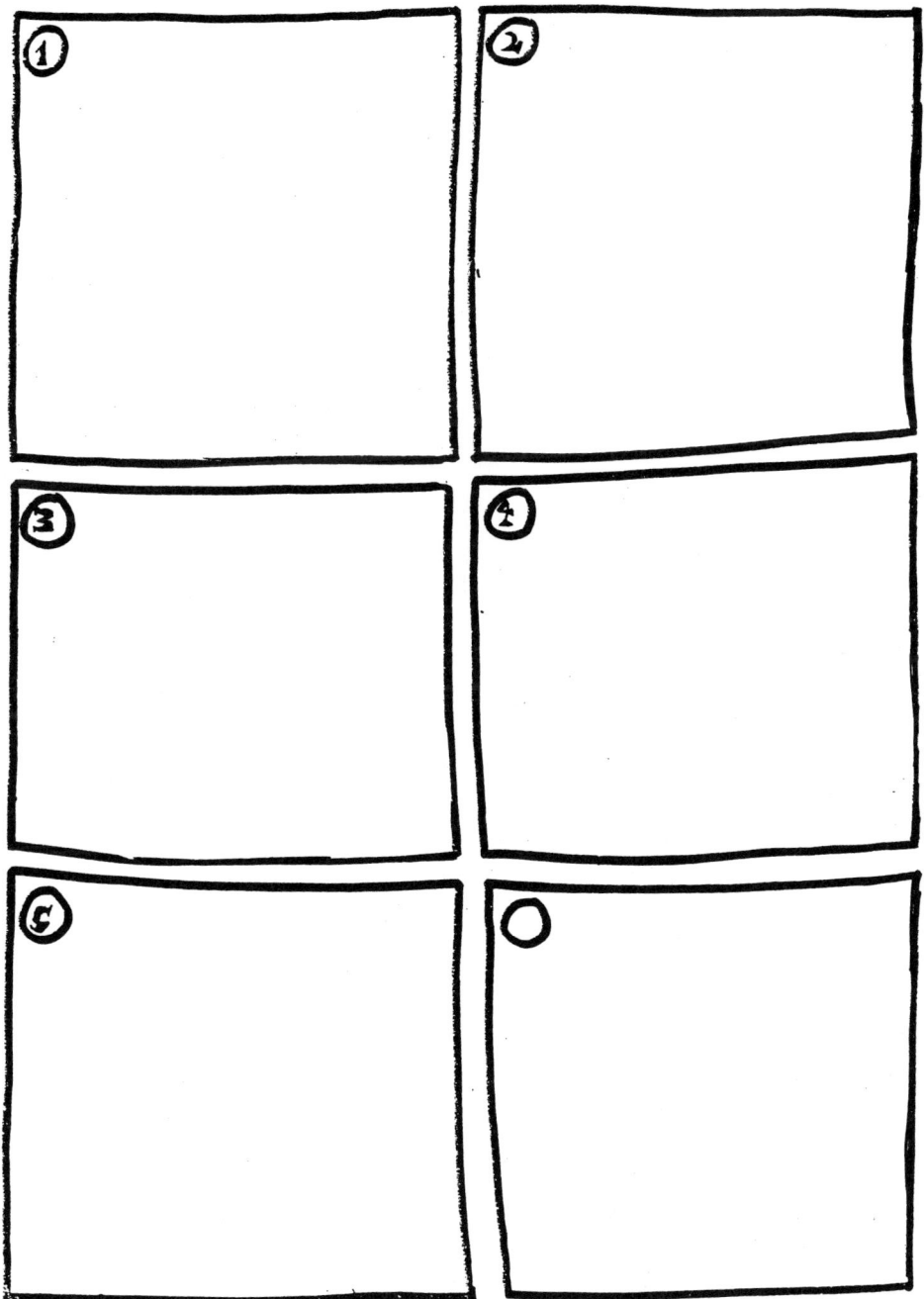

# Wilde Masken für die Faschingszeit ...

... kannst du
ganz einfach
mit einem schwarzen
Filzstift zeichnen.

Schneide erst die Form
aus weißem Papier,
schmücke sie dann
immer im Wechsel
mit schwarzen und
weißen Flächen.

Verwende auch Wel-
lenlinien und Zacken,
Punkte und Streifen.
Zeichne Hütchen und
Hörner,
Augen und Nase.
Vergiss die Backen nicht
und den Mund,
der manchmal lacht
oder auch die Zähne zeigt.

Das Wettspiel für die Faschingszeit:
Wer malt die tollsten Masken?
Die wildeste bekommt einen Preis!

70

# Kunterbuntes Durcheinander

*I*ch male den Kopf und du den Körper!
Oder machen wir es umgekehrt?
Zeichne du die Maske und ich das Gewand!

Es macht viel Spaß, ihr werdet sehen:
Nehmt allerlei bunte Stifte,
einer fängt mit der Maske an, dann malt die andere weiter.
Beratet euch, wie es weitergeht.
Im Fasching ist alles erlaubt,
auch kunterbuntes Durcheinander ...
Je mehr durcheinander, so kunterbunter
oder sagt man bunterkunt und kunterdurcheinander?

# Schattenbilder malen

Nimm einen dicken
und einen dünnen schwarzen Filzstift.
Zeichne erst die Umrisse der Tiere.
Dann fülle sie mit dem dicken Filzer
ganz schwarz aus.
Vergiss nicht die Augen als kleinen Punkt weiß zu lassen.
Wenn du sie in der Eile vergessen haben solltest,
macht das auch nichts,
nimm einen Tupfen Tipp-Ex,
fertig ist das Bild!

Hier siehst du allerlei Tiere als Schattenbilder gemalt. Versuche doch einmal auf einem zweiten oder dritten Bild verschiedene Menschen so zu zeichnen oder Pflanzen, die Hochhäuser einer Stadt oder verschiedene Vögel auf einem Baum!

# Ich sende einen Malbrief an ...

**H**ast du schon einmal daran gedacht,
Briefe zu malen?
Erzähl doch einfach in Bildern,
was du gerade machst,
wovon du träumst,
was du dir wünschst,
oder was du Interessantes erlebt hast.

Schicke einen gemalten Brief
an deinen besten Freund
und deine beste Freundin,
an Oma und Opa,
an Patenonkel und Tante,
und an alle,
bei denen du dich schon lange bedanken wolltest.

Stimmt, Bedanke-mich-Briefschreiben ist grässlich,
niemand macht das gerne.
Deshalb werde ein Malbriefkünstler!
Das erspart dir das lästige Briefe-
schreiben
und machst den anderen viel mehr
Freude.
Probier das gleich einmal.
Male auch die Briefmarke selbst!

Übrigens: Malbriefe kann man auch auf
Vorrat schreiben!!!

73

# Ein Malbuch für den kranken Freund

Johannes hat einen kranken Freund.
Jetzt geht es ihm schon wieder besser,
und damit er sich nicht langweilt,
malt ihm Johannes ein Malbuch.
Das Malbuch kann so viele Seiten haben,
wie du willst.
Darin sind verschiedene Spiele:

1.  Findet der fette Spatz den richtigen
    Weg zum Baum?
    Male ihn mit einer Farbe an.

2.  Was ist in diesem Baum versteckt?
    Fülle nur die gepunkteten
    Kästchen schwarz aus,
    schon erkennst du, was Johannes
    in den Blättern versteckt hat.

3.  Was gehört zusammen? Verbinde die Teile:
    Rakete und Rückstoßdampf.
    Gespenst und Burg,
    Vogel und Nest im Baum ...

74

4. Zehnmal hat Johannes in diesen Bildern etwas anders gemalt, siehst du wo?

5. Und welcher Weg führt hier zum Ziel? Du findest es sicher heraus. Male dann selber einen noch viel verzwickteren Weg!

6. Und welches Tier ist in diesem Kästchenbild versteckt?

   Wie man selbst solch ein Bild zeichnet, möchtest du wissen. Beginne mit dem Gegenstand, den du verstecken möchtest, zeichne einen Jungen, ein Mädchen, ein Tier, einen Hut, was du eben möchtest. Teile ihn in viele Kästchen, in jedes kommt ein Tupfen, damit man sie später wieder erkennt. Dann fülle das ganze Blatt mit weiteren Kästchen (aber diese alle ohne Tupfen!) bis zum Rand. Nun ist deine Figur gut versteckt.

# Meine beste Freundin,
# mein bester Freund

Wie viele beste Freunde und Freundinnen hast du?
Weißt du auch ganz genau, wie sie aussehen?
Haben sie große oder kleine Augen?
Wer trägt eine Brille oder Ohrringe?
Und wer lacht am meisten?
Ob deine Zeichnungen ihnen ähnlich sehen?

Wenn ihr euch wieder trefft, zeichnet
euch gegenseitig.
Wer zeichnet den Freund am besten?

# Male dich selbst ganz groß!

Du brauchst außer einem weichen Stift und Malkasten:
Ein Stück Packpapier von der Rolle,
etwas länger, als du groß bist.
Das legst du auf den Boden,
und dich darauf.

Ja, du hast richtig gehört!
Lege dich mit dem Rücken
auf den Bogen Packpapier,
bitte jemanden, dich mit dem Bleistift
auf dem Packpapier zu umranden.
(Das soll möglichst genau sein.)
Wenn du dann wieder aufgestanden bist,
male dich selbst in die Umrißlinien.

Erst den Kopf, Hals, Hände mit Fleischfarbe,
dann alle Kleider,
genau so,
wie du gerade angezogen bist.
Die Fleischfarbe mische aus:
Weiß mit wenig Rot und etwas Ocker.
Viel Spaß dabei!
Wo du das Riesenbild aufhängen sollst?
Na, an deiner Zimmertür natürlich, wo
sonst!
(Nimm dazu aber Klebeband,
bloß keine Nägel,
sonst gibt's
Ärger!)

# III.

## Sieh dich um und erzähle in Bildern, was du alles siehst

Schulfähige Kinder beobachten ihre Umgebung genau und sind recht gut in der Lage, ihre Beobachtungen und Erlebnisse in detailgetreuen Erzählbildern wiederzugeben. Je nach Veranlagung und Stimmung sind ihre Bilder witzig und originell, oft auch recht realistisch.

Sehr bald, und der natürlichen Entwicklung entsprechend, kommt der Wunsch »richtig« zu zeichnen auf. Dies oft starke Bedürfnis, die Dinge akribisch genau, dazu räumlich und in der richtigen Perspektive, am liebsten gar fotogetreu darstellen zu können, kann so übermächtig werden, dass manche Kinder mit ihrer vermeintlichen Unfähigkeit immer unzufriedener werden und Zeichnen und Malen ganz verweigern.

Doch dazu muss es glücklicherweise nicht kommen, sofern altersgemäß und rechtzeitig neue Gestaltungsfelder und Techniken eröffnet werden, bei denen der Erfolg in der großzügigeren freien Gestaltung liegt. Dazu eignen sich u.a. Collagen, Frottagen, additiv geklebte Bilderfolgen, das Arbeiten mit Ytong-Steinen, großflächiges Gestalten mit Kreiden und Kohle auf Packpapier oder auch das Drucken. Bei all diesen Techniken hängt der Erfolg von der materialgerechten, freien Gestaltung ab, nicht von der Naturtreue.

78

Mehr und mehr ist zu beobachten, wie auf Wunsch mancher Eltern Kindern in Malschulen und Kindergärten die Entdeckung neuer Techniken und Materialien viel zu früh geradezu aufgedrängt wird, ohne dass die Kinder in diesem frühen Alter überhaupt einen sichtbaren Nutzen davon haben. Im Gegenteil, später, wenn diese Techniken altersgerecht gestalterisch wirklich sinnvoll sind, scheinen sie ohne jeden Reiz, weil sie ja bekannt sind. Daher sollte gelten:

Zeichnen und Malen sooft das Bedürfnis besteht und so lange wie möglich;

besondere Materialien und Techniken nur altersgerecht und wohl dosiert anbieten.

# Was Mütter alles tun ...

Du hast immer noch Langeweile?

Nebenan hörst du Mutter hantieren. Sie macht dein Bett, saugt den Flur ...

Oder schält sie gerade Kartoffeln? Vielleicht sitzt sie auch am Tisch und schreibt einen wichtigen Brief, oder packt sie gerade Wäsche in die Waschmaschine?

Stefans Bild erzählt, wie seine Mama im Garten arbeitet.

Sie pflanzt Blumen, harkt den Rasen und packt das Laub auf den Kompost.

Dabei passiert allerlei! Entdecke, was es ist?

Überrasche deine Mama auch mit einem Bild!

Male, was sie gerade tut und was alles dabei passieren könnte:

Der Besentiel bricht ab, eure Katze hat den Fisch stibitzt,

die Wäscheleine reißt, die Milch kocht über, und, oh Schreck!,

eine Maus huscht unter dem Schrank hervor.

Findest du die Maus auf Stefans Bild?

# Auf dem Fischmarkt

**W**as an diesem Marktstand alles verkauft wird,
siehst du sofort: Alle Sorten Seefische.

Laut ruft der Fischer seine Ware aus und seine Frau hilft dabei:
»Frische Heringe und Schollen, kaufen Sie, alles fangfrisch!«
Aale gibt es und Kabeljau, Schellfisch und Bückling,
Sprotten und ... Gräten?

Was fällt dir auf dem Bild noch auf?
Wie sieht der Marktstand aus, den du zeichnest?
Wird dort auch Obst verkauft, Blumen oder gar Schuhe und Kleider?
Viele Fragen, die du schnell mit einem Bild beantworten kannst.

# spaß bei sport und spiel

**A**uf diesem Bild ist
viel los.
Da wird stabhoch-
gesprungen,
Speer geworfen,
an Ringen geturnt,
Fahnen geschwungen,
Tor geworfen,
Handball gespielt,
zugeschaut,
Hurra gerufen
oder Buh geschrien.

So geht es oft bei Sportveranstaltungen zu.
Erzähle mit einem Bild, was du schon erlebt hast.

# Ein Haus wird gebaut

**E**in Bagger hat die Erde zur Seite geschoben. Nun stehen auf der Baustelle hohe Kräne. Sie heben die schweren Eisenträger, die Paletten mit Ziegelsteinen und die Zementsäcke hoch. Bauleute klettern auf Leitern, einige tragen Eimer und Werkzeug. Andere reißen Zementsäcke auf und mischen den Zement mit Wasser, Kies und Sand. Die Zementmischmaschine läuft. Tag für Tag wächst die Mauer ein Stückchen höher. Schon ist der erste Stock fertig. Bald wird von den Zimmerleuten auch der Dachstuhl aufgestellt. Fällt dir auf, was noch alles auf einer Baustelle zu sehen ist? Male ein Bild davon.

# Das hoch beladene Umzugsauto

Wenn Nachbarn umziehen, fährt ganz früh am Morgen der Möbelwagen vor.

Große, kräftige Männer schleppen schwere Schränke, Kisten und Bettgestelle aus dem Haus.

Sorgsam, damit nichts kaputt geht, verstauen sie alles in dem großen Wagen.

Aber nicht alle Leute haben so viele Möbel.

Sie packen Sack und Pack einfach in ihr kleines Auto.

Kaum ist der Kofferraum voll
und sind die Rücksitze beladen,
dann wird auch noch das Dach bepackt.

Und was es da alles zu sehen gibt:
Wassereimer und Stehlampen,
Gummibäume und Fernseher,
Matratzen und Kochtöpfe,
Koffer und Vogelkäfige,
Wäschekörbe und Leitern,
Stiefel und Kleiderbügel,
Gießkannen und Teppiche,
Bügeleisen und Stofftiere,
Staubsauger und Besen,
alte Hüte und Klorollen
Badewannen und Schaukelstühle,
Hunde und Katzen ...

Nein, die natürlich nicht! Aber sonst wird alles aufeinander getürmt und mit viel Schnur zu einem riesigen, etwas wackeligen Turm zusammengebunden.
Und schon geht die Reise ab zur neuen Wohnung.

Kannst du dir so einen Umzug vorstellen? Nimm Papier und Zeichenstift, und verstecke in deiner Zeichnung auch ein paar Dinge, die bestimmt nicht in das Umzugsgepäck gehören, Schnecken und Mäuse, Vögel und Schmetterlinge: Ob es jemand merkt?

# Beobachte Tiere und male sie

**H**ast du schon einmal Eichhörnchen beobachtet?
Es sind die kleinen Tiere mit rötlich braunem oder dunklem Fell
und buschigem Schwanz, die flink von Ast zu Ast springen.

Im Herbst sammeln sie einen Vorrat an Samen und Nüssen.
Albrecht hat ein Eichhörnchen gemalt,
das gerade eine Nuss gefunden hat.
Gleich wird es sie im Boden verscharren.
Erzähle von Tieren, die du selbst schon einmal beobachtet hast,
z.B.:

Vögel,
Hasen,
Mäuse,
Fliegen,
Ameisen.


Malst du ein Bild dazu?

# ... und einen Schwarm flatternder Eulen

Wer mag Eulen und Uhus? Sie haben große dunkle Augen. Damit sehen sie auch im Dunkeln. Ihre spitzen kleinen Schnäbel sind ebenso scharf wie ihre Krallen. Zeichne auch einzeln die vielen Federn und vergiss die großen Flügel nicht! Diesen Eulenschwarm hat Robert gezeichnet.

# Schatzsuche
## unter unserer Stadt

Stelle dir einmal vor,
vor vielen hundert Jahren
lebte auf seiner Burg,
dort, wo heute eine große Stadt mit
Hochhäusern steht,
der gefürchtete Raubritter Kunibert.

All das Gold und Silber, Edelsteine,
wunderschöne Krüge und zartge-
schliffene Gläser,
die er den Reisenden bei seinen
Überfällen abgenommen und ver-
graben hatte,
werden bei den Grabungen
für einen U-Bahnschacht
gefunden.

Aber nicht nur seine Schätze werden ausgegraben.
In noch viel älteren und tiefer gelegenen Erdschichten
finden sich Gräber aus der Bronze- und Steinzeit.

Damals legte man Fürsten und großen Kriegern
ihre Waffen und viele kostbare Gegenstände mit ins Grab.
Der Wind deckte alles mit einer dicken Schicht Sand zu.
Vielleicht gab es später auch hin und wieder eine Überschwemmung.
Der Schlamm wurde zur neuen Erdschicht.
Und so ging es über viele Jahrhunderte immer weiter.

Susanne hat ein Bild davon gezeichnet.Was kannst du alles auf ihrem Bild
entdecken?

Lasse dich anregen und erzähle mit dem Zeichenstift,
was die Altertumsforscher auf *deinem* Bild alles ausgraben werden.

# Wenn es wie aus Kübeln gießt ...

... freue ich mich, dass ich im Trockenen sitze,
ärgere ich mich, dass ich nicht draußen spielen kann,
tun mir die Leute leid, die nass werden,
und ich zeichne schnell dieses Bild:
Leute warten an der Busstation.
Es gießt, der Bus kommt nicht.
Manche Leute tragen Hüte,
einer hat einen Schirm.

Was fällt dir dazu ein, wenn es regnet?
Wie sieht dein Bild aus?
Vergiss die vielen Regentropfen nicht
und die großen Pfützen, die Gummistiefel und Kapuzen!

# Wenn die Sonne heiß vom Himmel brennt ...

... wünschst du dir ein kühles Bad.
Wie es wohl jetzt gerade in der Badeanstalt
zugeht?
Die Mutigen ma-
chen einen Kopf-
sprung vom
5-Meter-Brett.
Schau, wie es
platscht!
Andere trauen
sich kaum ins
Wasser.
Nein, sie sind nicht wasserscheu, sie können nur noch nicht schwimmen.
Sie warten auf den Schwimmmeister und tragen Schwimmflügel
oder einen Ring um den Bauch – wie der große Junge.
Und dort der Dicke, wie er taucht!
Buben spielen Wasserball oder werfen einen Ring.
Alles platscht und planscht im kühlen Wasser.
Dort drüben liest ein Mann Zeitung.
Andere spielen Ball auf der Wiese.
Der Eisverkäufer macht ein gutes Geschäft.
Kannst du auch so viel von deinen Badeerlebnissen erzählen?

# *Auf meinem Traumbaum sitzen viele Vögel – und auf deinem?*

Bäume siehst du überall,
solche mit knorrigen Ästen,
und wenig Blättern,
andere voll belaubt mit
mächtiger Laubkrone.

Nun träume dir einen
Vogelbaum:
Dicht an dicht sitzen viele
Vögel
in seinem Geäst,
ganz so, wie du es vielleicht
schon einmal im Herbst
beobachtet hast,
wenn die Zugvögel
sich sammeln
und laut zwitschernd
auf den höchsten Bäumen sitzen.

92

Mit noch mehr Phantasie stelle dir
Wundervögel vor,
solche mit extralangen Schnäbeln,
mit einem Federhäubchen auf dem Kopf
oder einem besonders bunten Federkleid
oder auch mit langem Schwanz.


Unter deinem Baum versammeln sich Pfauen
und Enten, Igel und Mäuse, Ameisen, und nicht zu vergessen:
Ringelnattern, Käfer, und um den Baum herum
schaukeln ein paar Schmetterlinge in der Luft ...


Wie sieht dein Bild nun aus?

# Fische im Aquarium

Hast du im Tierpark auch die klitzekleinen Fische im Aquarium besichtigt?

Es gibt sie in allerlei schillernden Farben.
Rosa und Tiefrot, Blau und Hellgrün
Manche sind gefleckt, andere gestreift oder gepunktet.

Schnell flitzen sie hin und her,
verstecken sich zwischen Pflanzen und Steinen.
Erinnerst du dich?

Einige Tiere sind hier dabei, die gehören nicht ins Aquarium zu den Fischen.
Findest du sie?

Male deine Lieblingsfische.
Du darfst auch welche erfinden, die du überhaupt nicht gesehen hast.

94

# Wie es im Ameisenhaufen wimmelt

**A**utsch, dich hat eine Ameise gebissen.

Du siehst genauer hin. Da ist ein Ameisennest.

Es kribbelt und krabbelt.

Fleißig rennen die Arbeiterameisen hin und her.

Alle tragen etwas herbei, Erdbröckchen, Tannennadeln, ein Stückchen Blatt ...

Viele, viele hundert Ameisen sind es.

Es wimmelt nur so.

Sie alle schleppen Baumaterial für ihren Ameisenhaufen.

Manchmal ist das Bröckchen viel größer als die ganze Ameise.

Beobachte einmal, wie emsig sie schleppen.

Und zeichne dann ganz viele Ameisen auf einem Haufen,

schau dir aber vorher eine Ameise genau an.

Wie sie gebaut ist, kannst du oben auf der Seite erkennen.

# Wie ein Auto entsteht

**W**er interessiert sich nicht für
Autos oder Flugzeuge?
Das tun doch wohl alle.
Du auch?

Dann stell dir doch einmal ein
Auto in der Werkstatt vor.
Oder besser noch, denk an eine
Autofabrik.

Das ist eine große Halle.
In einer Reihe stehen viele
Autos auf dem Laufband.
Alle sind erst halb fertigge-
baut.
Es fehlen Hupen, Lampen,
Türen.
Monteure flitzen hin und
her,
in der Hand einen Schrau-
benschlüssel,
eine Bohrmaschine oder ein
Ersatzteil.
Oder: Wie könnte es in ei-
ner Flugzeugfabrik ausse-
hen?

# Die Spinne im Netz

Viele Menschen haben Angst vor Spinnen. Das ist nicht nötig.
Spinnen sind nützliche Tiere.
Sie helfen Ungeziefer zu fangen, und halten mit ihren Netzen
auch Mücken und lästige Fliegen ab.
Spinnen bauen ihre Netze sehr kunstvoll.
Hast du schon einmal genau zugesehen?
Zuerst lässt sich die Spinne an ihrem eigenen Faden ein Stückchen vom
Wind treiben.
Dort an einer Wand, an einem Ast, klebt sie den Faden fest
und krabbelt zur nächsten Befestigungstelle,
bis sie ein strahlenförmiges Gerüst gespannt hat.
Nun geht es an die Feinarbeit:

Geduldigt spinnt sie
von Faden zu Fa-
den immer im
Kreis herum ihr
Netz.

Versuche nun
selbst ein
Spinnennetz
zu zeichnen
und male eine
Spinne hinein,
wie sie auf eine
Fliege lauert.

98

# IV.
# Was du mit Mutters alter Schreibmaschine und in Vaters Büro alles machen kannst

Immer mehr Väter und vor allem Mütter werden im Zeitalter der Telekommunikation bald ihren Arbeitsplatz statt im entfernteren Büro zu Hause haben.

Für die Familie, insbesondere die mit kleinen Kindern, bietet Teleworking – so nennt man den vernetzten Arbeitsplatz in der eigenen Wohnung – einige Vorteile, u.a. auch den, dass Kindern der Arbeitsplatz ihrer Eltern mit seinen virtuellen Arbeitsgeräten, wie Telefon, Computer, Fax- und Kopiergerät, frühzeitig vertraut wird und sie diese bald bedienen lernen.

Was also liegt näher, als einige gestalterische Möglichkeiten dieser Geräte für die kreative Förderung unserer Kinder behutsam, d.h. altersgerecht und mit Maßen zu nutzen.

Vervielfältigen beispielsweise, Vergrößern, Verkleinern und, wenn der spielerische Umgang mit Mal- und Schreibprogrammen altersgemäß einsetzt, auch erste gebrauchsgraphische Gestaltungsversuche mit verschiedenen

Schrifttypen und Schriftgrößen, können Kinder zu eigenen, phantasiereichen Versuchen motivieren. Richtig eingeführt, kann wie selbstverständlich ihr ästhetisches Gefühl sensibilisiert werden.

Ein weiteres, wichtiges Anliegen lässt sich in Vaters und Mutters Büro realisieren: Die Verwendung von Abfallpapieren – nach dem Motto »Wozu alte Briefumschläge gut sind«. Sprechen doch immer mehr Gründe dafür, dass wir unsere Kinder zu sparsamem Gebrauch kostbarer Rohstoffe anhalten. Dies kann beispielhaft, spielerisch und höchst kreativ mit Gestaltungsmöglichkeiten aus anfallendem Büromaterial beginnen.

Bei allem Reiz, den schöpferische Betätigungen bei einem Besuch in Vaters und Mutters Büro auf Kinder ausüben, dürfen die Gefahren nicht verhehlt werden: Ist inzwischen doch bekannt, dass übermäßiger und zu früher Gebrauch von Computern mehr schadet als nutzt. Auch das unsachgemäße Bedienen des Kopiergerätes birgt Gefahren der Blendung. Daher sollten Kinder Bürogeräte nicht ohne Aufsicht und nur gezielt benutzen.

# Schreib-Malen mit Mutters alter Schreibmaschine

Du glaubst nicht, dass man mit einer Schreibmaschine auch malen kann?
Elisabeth hat es ausprobiert.
Sie hat die alte Schreibmaschine ihrer Mama aus der Ecke geholt,
einen Bogen Papier eingespannt
und dann alle Tasten mit Buchstaben und Zahlen ausprobiert.

Das ging zuerst noch langsam.
Schließlich musste sie erst ausprobieren,
wie das mit den Tasten und der Walze funktioniert,
und wie man große und kleine Buchstaben macht.
Aber ganz schnell hatte sie herausgefunden,
wie das Tippen geht.
1, 2, 3, 4, 5, 6, 7 … schon ist etwas aufgeschrieben … 8, 9, 10 …
Aber sie hatte eigentlich überhaupt
keine Lust zu schreiben,
da kam ihr eine Idee:
Mit Buchstaben kann ich genauso
gut malen
wie mit dem Stift.
Und schon ging's ans Ausprobieren.
Zwei Figuren hat Elisabeth getippt.
Findest du heraus, was es ist?

Versuch es doch selber einmal,
wenn du eine alte Schreibmaschine
auftreiben kannst. Was alles kannst
du damit malen?

# Spiele mit Verstärkerringen

**W**as könntest du tun,
wenn du auf Papa oder Mama im Büro wartest? –
Vielleicht bekommst du ein paar Verstärkerringe geschenkt.
Damit flickt man die ausgerissenen Löcher in Akten.
Sie kleben von selbst
und auf einem Stückchen dunklem Papier
kannst du sie zu Bildern zusammenkleben.
Corinna hat es versucht.
Erkennst du den Vogel mit dem spitzen Schnabel
und den angeschnittenen Ringen an den Flügeln?
Unten auf der Straße neben dem Baum fährt ein Auto
und die Sonne am Himmel
erkennst du sicher auch.

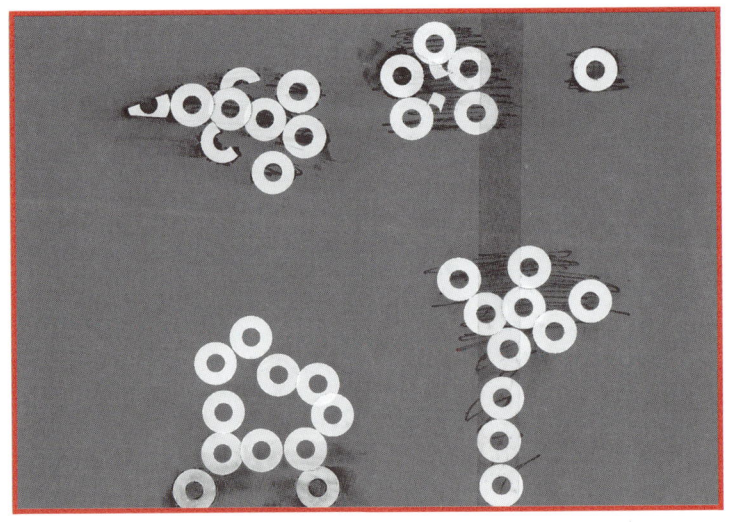

Versuche doch,
ein Männchen
mit Hund zu
kleben
oder ein
Segelboot,
ein Haus ...

102

# Stempelbilder stempeln

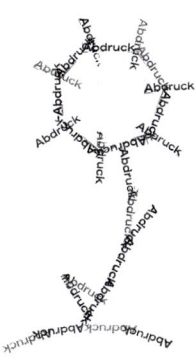

$I$n vielen Büros gibt es Stempel und Stempelkissen.
Sie drucken einzelne Worte, z.B.

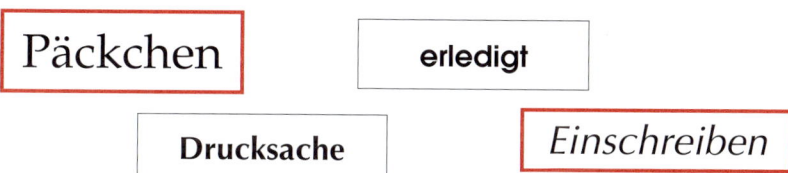

Päckchen

erledigt

Drucksache

Einschreiben

Vielleicht dürft ihr das Stempeln selbst einmal ausprobieren:
Stempelt euch doch ein Bild!
Dazu braucht ihr außer Stempel und Stempelkissen nur einige Bogen Papier.
Es muss kein neues sein,
auch Rückseiten von bedrucktem
Papier eignen sich gut.

Wenn es ein Baum werden soll,
dann fangt unten
mit dem Stamm und den Wurzeln
an,
setzt dann darüber die dichte
Baumkrone.
Wollt ihr eine Blume stempeln,
dann stempelt erst einen Kreis,
zum Schluss fügt den Stiel und
die Blätter an.

Soll es ein Haus werden, fangt recht groß an,
vergesst Türen, Fenster und Schornstein nicht.
Und eine Eisenbahn könnte so aussehen:

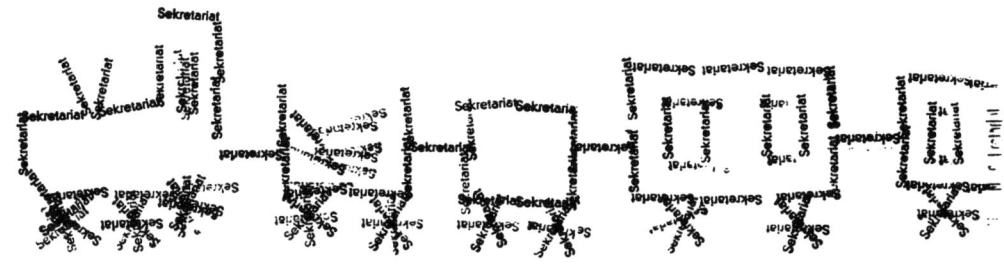

Viel Spaß beim Stempeln!

# Aus Radiergummis Bildstempel selber schneiden

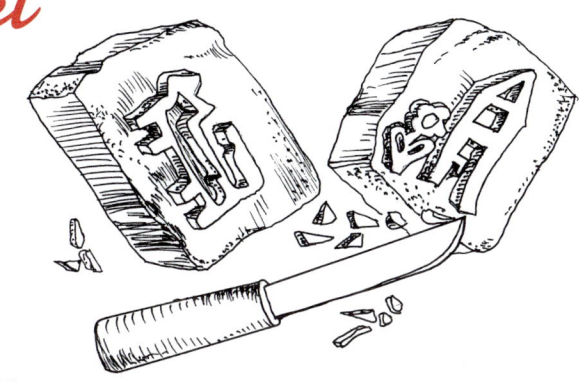

Wer schon gut mit einem schar-
fen Taschenmesser umgehen kann,
könnte sich seinen ganz persönlichen Stempel auch selber schneiden.
Das geht so:
Auf die breite Seite eines flachen Radiergummis zeichnest du mit einem
dicken Filzstift einfache Stempelformen.
Dann schneidest du vorsichtig innen und außen um die vorgezeichneten
Formen herum den Radiergummi etwa 3-4 mm aus.
Am Ende soll nur noch die vorgezeichnete Form hervorragen.
Leih dir dann ein Stempelkissen und schon kann das lustige Stempeln
beginnen.

Übrigens kannst du auf diese Weise ganz leicht
auch die Anfangsbuchstaben deines Namens
schneiden und drucken.

105

# Auch mit Kunststoffgummis und bunten Filzstiften kann man drucken!

Noch eine Möglichkeit sollst du kennen lernen,
wie du mit viel Spaß klitzekleine Bilder drucken kannst.

Nimm einen Plastikradiergummi,
male mit Filzstiften ganz flächig darauf.
Drehe den Stempel schnell um
und drücke ihn auf ein bereitgelegtes Papier.
Schon hast du die Zeichnung abgedruckt.
Wie das geht, willst du wissen?
Die Filzstiftzeichnung bleibt kurze Zeit
auf dem Plastikgummi feucht.
Solange sie nicht eintrocknet, kannst
du sie stempeln.
Eine gute Idee, nicht wahr!
Wenn es dir Spass macht, stempele
gleich los!
Aber Vorsicht: Buchstaben
drucken falsch herum!

# Tackern, Heften, Lochen – Was du mit Büromaterial noch alles anstellen kannst

Alles hast du schon ausprobiert,
du hast gestempelt, kopiert, Maschine geschrieben, den Papierkorb geleert. Du hast Papierbilder aus Kopien geklebt und immer noch hast du Lust, neues auszuprobieren!

Nun hilft nur noch:
Büroklammern verbiegen,
Buntpapiere lochen, sich einen kleinen Block zurechtschneiden und mit dem Tacker heften, oder ein Konfettibild kleben.
Woher du Konfetti nehmen sollst?
Leere doch den Locher aus.
Darin sind die vielen hundert ausgestanzten Papierkreise.
Klebe sie auf dunklen Untergrund zu Bildern.
Ja, das ist eine mühsame Arbeit!
Versuche es trotzdem.

# Aus einem Bild mach zwei oder drei oder vier oder fünf – Kohlepapier benutzen

Du hast ein Problem.
Opa und Oma wünschen sich ein schönes Bild.
Du malst es,
und deinem Papa gefällt es auch.
Wem sollst du es nun schenken?
Zu dumm, dass du nicht daran dachtest,
deine Zeichnung gleich mehrfach herzustellen.
Wie man das auch ohne Kopiergerät schafft?
Besorge dir einige Bogen Kohlepapier!
Lege immer zwischen zwei Bogen weißes Papier
einen Bogen Kohlepapier.
Brauchst du mehr »Durchschläge«,
nimm mehr Papier und dazwischen ein Kohlepapier.
Immer ein weißes, ein schwarzes, ein weißes,
ein schwarzes, und so fort.
Dann zeichne mit einem Kugel-
schreiber auf das oberste
Papier, drücke sehr fest auf,
damit das Kohlepapier gut
auf den darunter liegenden
Papierbogen abfärbt.
Wenn du mehr als
einen Durchschlag machst,
werden die Bilder aller-
dings nicht immer ganz schwarz.

# Farbig kopieren mit Wachsmalkreiden

Du möchtest dir selber Durchpauspapier machen?
Warum nicht.
Versuche es doch einmal mit Wachsmalkreiden.
Bemale ein Blatt Papier dick mit Wachsmalkreiden.
Male ein Stück rot, das andere blau und so weiter.
Achte aber darauf, dass kein Fitzelchen Papier unbemalt bleibt.
Drehe dann den bemalten Bogen Papier um,
lege ihn mit der bemalten Seite auf ein zweites Blatt Papier.
Nun kannst du mit der Zeichnung beginnen,
die du farbig durchpausen möchtest.
Damit es gut gelingt, verwende einen harten Stift,
am besten einen Kugelschreiber.
Zeichne alles auf, was du durchpausen möchtest.
Fertig? Sieh nach, ob alles geklappt hat.
Es ist geglückt!
Wie durch Zauberei machst
du aus einem Bild zwei.
Fein, dann versuche es gleich
mit einer neuen Zeichnung.
Ist es nicht wie Zauberei:
Du malst mit einem schwarzen
oder blauen Kugelschreiber,
und auf dem anderen Blatt ist
alles bunt!
Sicher kannst du damit deine
Freunde verblüffen!

# Jede Menge Papier aus dem Papierkorb – Wozu alte Briefumschläge gut sind

**D**u hast kein Papier zum Malen und Basteln?
Kein Problem!
Schau doch einmal in den Papierkorb.
Du wirst staunen, was man aus alten Briefumschlägen alles machen kann:
Zum Beispiel ein Klebebild.
Dazu brauchst du nur Schere und Klebstoff, schon kann es losgehen.

Reiße alle Briefumschläge
vorsichtig auf
und drehe ihr Inneres nach
außen.
Bist du nicht überrascht,
wie farbig und interessant
gemustert sie sind?

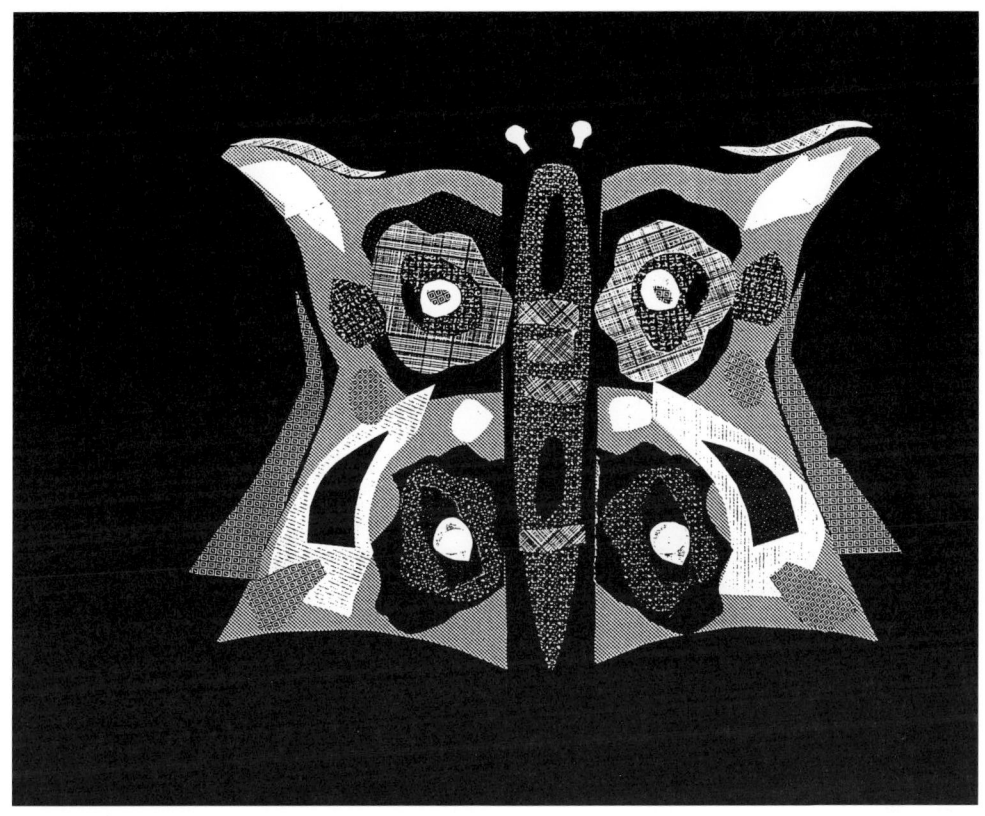

Hell- und dunkelblaue, verschiedene graue und braune Papiere kannst
du finden.
Manche sind sogar violett oder grün.

Nimm das größte Papier,
schneide dann andersfarbige Papierstückchen aus und lege sie zu einer
schönen Form darauf:
zu einem Schmetterling oder Baum, zu Maus, Flugzeug, Auto oder Haus.

Zum Schluss klebst du alle Stücke fest, und fertig ist dein Klebebild!

# Wenn du das Kopiergerät benutzen darfst

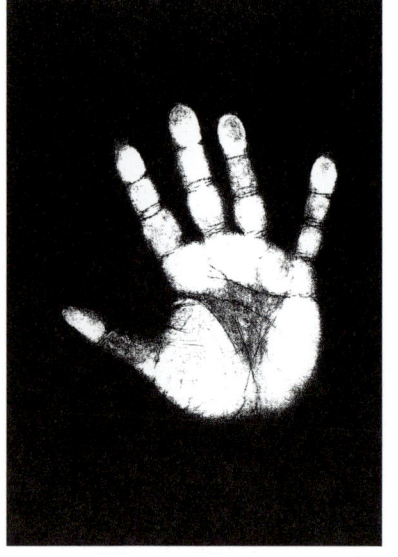

... dann hast du ganz viele Möglichkeiten,
allerlei Spiele auszuprobieren.
Hier das 1. Kopierspiel:
Lasse den Deckel des Kopiergerätes
beim Drucken offen
und kopiere deine Hand,
eine aus Papier ausgeschnittene Blume
(Auto, Lokomotive, Schiff, Schmetterling,
Vogel),

lege auch ein paar Gummibärchen
oder deinen Lieblingsbär auf die
Glasscheibe
und lichte sie ab.
Du wirst staunen, was da für Bilder
entstehen.
Manches wirst du kaum wieder-
erkennen.
Sind die Bilder gut gelungen,
sind sie außen pechschwarz
und das, was du kopieren wolltest,
bleibt schneeweiß.
Warum bemalst du diese
weißen Flächen
nicht mit Bunt- und Filzstiften?

Erfinde schöne Zickzack- oder Pünktchenmuster.

Auch Kreise und Schlangenlinien sehen gut aus.

Vielleicht leihst du dir aus dem Büro auch einen Leuchtstift (Marker).

Mit ihm kannst du schnell größere Flächen anmalen.

Der schwarze Hintergrund hebt dein buntes Bild sehr schön hervor und gibt ihm einen Rahmen.

Schneide ihn doch am Rand etwas ein wie einen echten Bilderrahmen!

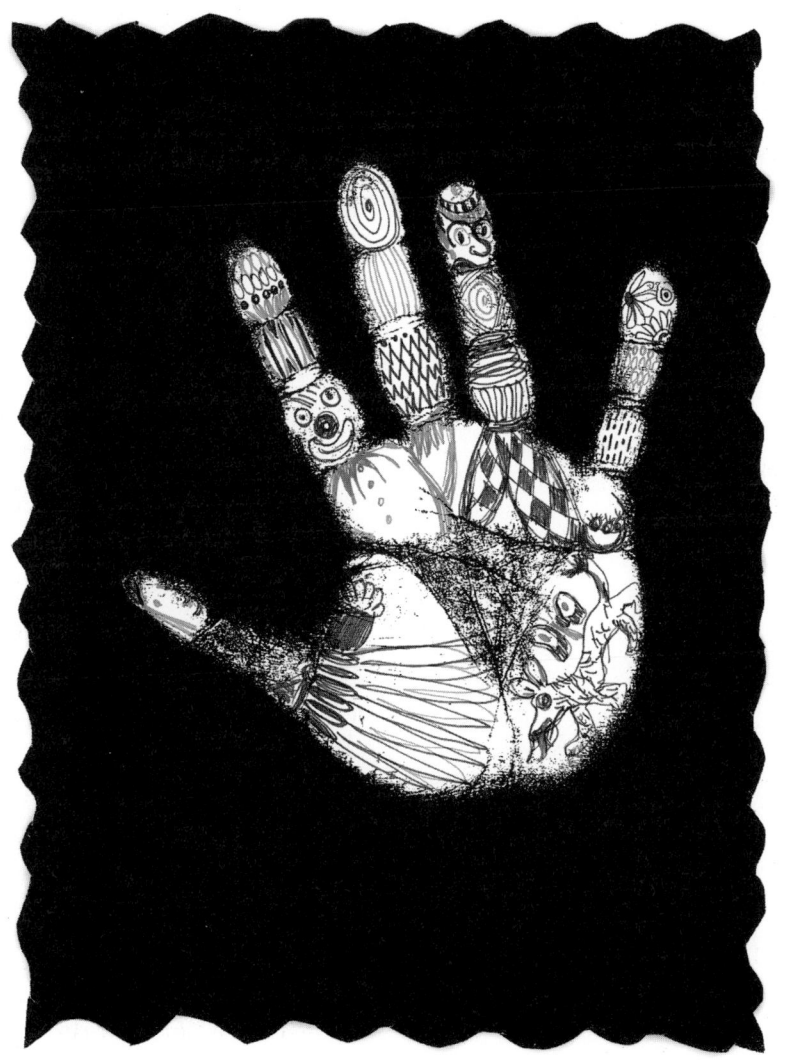

# Zeichentrickgeschichten vom Kopierer

**W**eißt du, wie Zeichner ihre Zeichentrickfilme herstellen?
Sie zeichnen eine Figur mehrmals, aber immer wieder leicht verändert.
Mal wird nur Stück für Stück der Arm gehoben,
dann der Kopf gebeugt
oder die Beine machen immer größere Schritte.

Dann werden diese einander ähnlichen Figuren in der richtigen Reihenfolge nacheinander gefilmt.
Im Film scheint sich die Figur dann richtig zu bewegen.

Mit Hilfe des Kopiergerätes kannst du ganz leicht selbst fortlaufende Bildergeschichten erfinden.
Du zeichnest mit dickem schwarzem Filzstift ein Männchen, ein Tier ... zerschneidest den Körper in einzelne Glieder, legst sie auf die Glasplatte und kopierst sie.

114

Je mehr du die
Glieder neu und
anders
anordnest,
wenn du wie
Johannes noch
Büroklammern
und Stifte
dazulegst,
desto interessantere
Bildergeschichten
können entstehen.

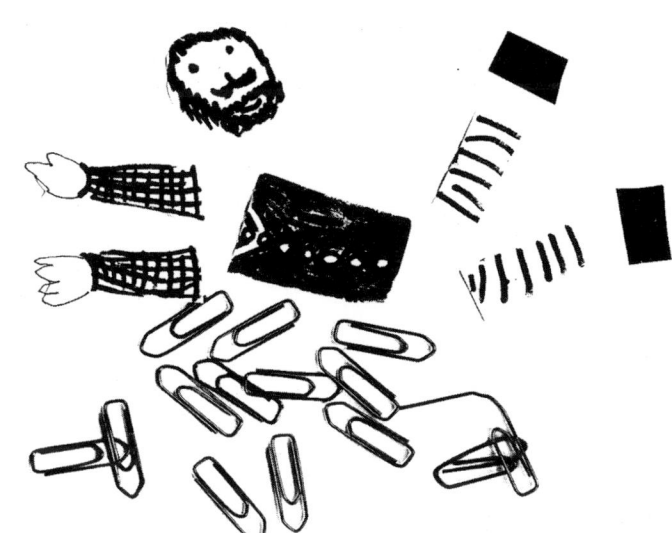

# Mit Wellpappe, Klopapier und alten Socken ...

... kannst du dir verschieden gemusterte Papiere
auf dem Kopierer selber herstellen.
Lege einfach ein Stück Wellpappe,
so groß wie ein Briefbogen auf die Glasplatte,
lasse die Deckplatte beim Kopieren offen,
drücke auf den Startknopf,
und schon hast du einen Bogen quergestreiften
Papiers.
Aber Vorsicht!
Du musst die Augen dabei schließen,
sonst blendet dich der Lichtschein zu sehr.
Und das wäre gefährlich!
Schütze also deine Augen beim Kopieren
oder bitte deine Eltern, dir zu helfen!

Nun kannst du auch die
Rückseite ablichten
oder du vergrößerst
mehrmals das gerippt
gedruckte Papier.
Lege auch mehrere Blätter
einer Klopapierrolle
nebeneinander,
oder viele Bändchen und
Wollreste.

Johannes und Corinna haben es
sogar mit einem alten Socken versucht.

Und nun willst du wissen,
was du mit den Kopien anstellen kannst?
Verwende sie für ein Papierklebebild.
Dazu schneidest oder reißt du Figuren aus und klebst sie auf.
Deine Papiere haben viele unterschiedliche Grautöne
und sind gemustert. Das ist etwas ganz Besonderes!

# Der Schimmel in der Nacht – Mit Tipp-Ex auf schwarzkopiertes Papier malen

Hast du schon mal ausprobiert, mit weißer Farbe auf schwarzem Papier zu malen? Beispielsweise einen Schimmel bei Nacht? Du wirst dich wundern, wie gut das geht.

Wenn du keinen weißen Buntstift hast, dann verdünne etwas weiße Farbe mit Wasser (nimm Deckweiß aus deinem Malkasten), tauche ein dünnes Hölzchen oder eine Zeichenfeder hinein und zeichne damit auf schwarzes Papier. Das kannst du dir auch ganz einfach besorgen.

118

Bitte einen Erwachsenen, dir ein paar kopierte Papiere zu schenken.
Beim Kopieren muss aber die Sichtklappe offen bleiben,
damit jede Kopie ganz schwarz wird.
Solche rabenschwarze Papiere sind schön glatt zum Malen
und viel billiger als Tonpapiere.

Male auch:
eine Stadt bei Nacht,
den Laternenzug der Kinder am Martinstag,
die Weihnachtsgeschichte,
vor allem die Heiligen Drei Könige,
die Flucht nach Ägypten,
und vieles andere mehr.

# Gestalte dein Briefpapier selbst

Wer viel schreibt, braucht viel Papier.
Briefschreiber benutzen gerne schöne Briefbogen.
Also denk dir doch für dich und deine Freunde
besonders originell gestaltetes Schreibpapier aus.

Entweder steht oben auf dem Blatt
der Briefkopf mit Namen und Adresse
oder ein schönes Bild.
Keine Sorge, du brauchst nicht
jedes Papierblatt einzeln zu schmücken.
Das Vervielfältigen übernimmt ein Kopierer.

Zeichne also zuerst zwei verschiedene
Blätter,
mit zwei verschiedenen Motiven,
jedes nicht größer als ein Schulheft.
Lege sie dann nebeneinander auf die
Glasplatte des Kopiergerätes,
stelle die Zahl der Kopien ein,
drücke die Starttaste und schon
werden die Bogen vervielfältigt.

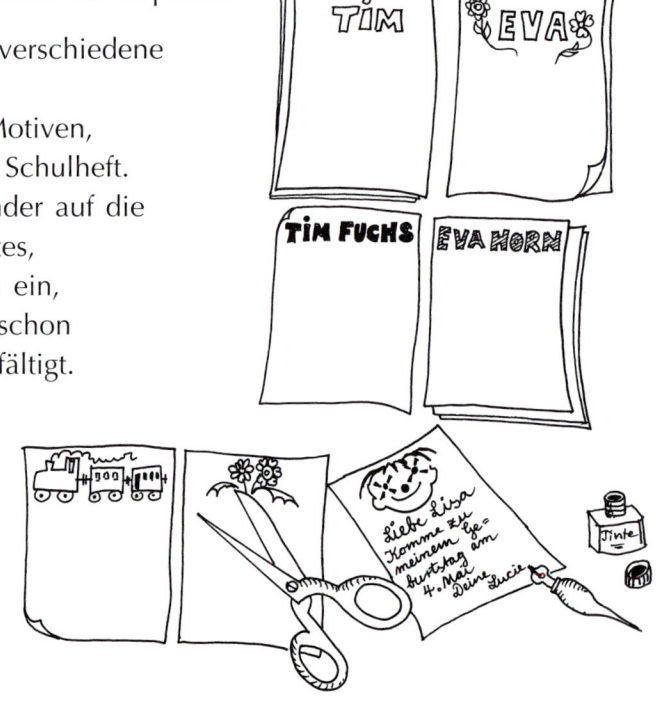

Schneide zum Schluss
die Bogen auseinander,
und schon hast du
jeweils zwei
selbst gestaltete Schreib-
papierbogen.

# Leuchtbilder –
# Mit Folienstiften auf Folien malen

Mit Folienstiften kann man auf glatten Folien sehr schön schreiben und malen.

Diese Bilder sind durchsichtig und wunderbar als Fensterbilder geeignet.

Aber, diese Stifte sind teuer und die Folien auch.

Also gehe mit beidem sehr sparsam um:

Überleg' vorher genau, was du malen möchtest.

Zeichne nicht nur Linien, fülle auch die eine oder andere Fläche,

damit das Bild schön farbig wird und weit leuchtet.

Hast du dich vermalt, nur keine Sorge,

dann putze die Farbe einfach wieder ab.

Dazu hole dir Rat, ob du mit Wasser und Lappen abwischen kannst

oder nur mit einem Tropfen Spiritus auf dem Lappen,

falls die Stifte wasserfest sein sollten.

Nach dem Trocknen klebe dein Folienbild mit etwas Tesafilm an dein Lieblingsfenster.

Viel Freude beim Anschauen!

Wenn es dir nicht mehr gefällt, male doch ein neues Folienbild.

# Wenn du mit einem Computer malen kannst, dann experimentiere doch ein wenig!

1. Zeichne eine Figur nur mit ihrem Umriss, drucke das Bild aus!

2. Fülle dein Bild mit verschiedenen Mustern, drucke wieder aus!

3. Oder male sie mit Farben aus, wenn möglich, drucke auch dies Bild aus!

4. Nun erfinde einen Hintergrund dazu. Ausdrucken ist ganz selbstverständlich.

5. – 8. Überlege dir neue Muster,

neue Farben! Ändere alles mindestens dreimal, drucke aus und wähle das schönste Bild, schneide es aus.

9. Zum Schluss zeichne und male einen wunderschönen Rahmen für dein Bild, schneide ihn aus, klebe dein Bild dahinter und hänge es an die Wand!

# Weihnachtsgrüße aus dem Computer

*U*nd wie wäre es mit einem Weihnachtsgeschenk? Du hast noch nicht alle besorgt? Überhaupt kein Problem! Johannes durfte drei Tage vor Weihnachten auf dem Laptop seines Papas diesen Weihnachtsmann zeichnen. Später hat der Vater ihn farbig ausgedruckt. Nein, nicht nur einmal! Gleich vier- oder fünfmal. Nun hat Johannes ein Weihnachtsgeschenk für Oma und Opa, für Tante Ilse, für seine beste Freundin Anne und als besondere Überraschung für seine Mama! Die sammelt nämlich seine Bilder.

Ob sie sich freuen? Probiere es nur selber aus.

Du kannst es ja auch mit Pinguinen oder Osterhasen versuchen, mit bunten Ostereiern in grünem Gras und »Frohe Ostern« dazuschreiben!

# Vater und Mutter im Büro

Nun warst du ja in Mutters oder Vaters Büro, hast Schreibmaschine, Kopierer und Stempel ausprobiert, Büroklammern stibitzt, getackert und gelocht, vielleicht sogar telefoniert ...

Dann male doch ein Bild von Mutter oder Vater im Büro.
Auf dem Schreibtisch all die unerledigten Akten,
da sind die Briefe drin,
einen Papierkorb, der überquillt.
Male den Vater oder die Mutter, wie sie gerade mit dir telefonieren.
Stell dir vor, du fragst:
Hallo, Papa, wann kommst du heim?
Auf diesem Bild hier siehst du die Antwort ...

# V.

# Mit Werkzeug aus der Küche, der Knopfkiste oder aus dem Werkzeugschrank

Verständlicherweise werden nicht alle Eltern begeistert sein, wenn ihre Kinder mit den folgenden Gestaltungsanregungen aufgefordert werden, Werkzeug und Haushaltsgeräte zweckzuentfremden. Doch gerade mit Küchensieb und Reißverschluss, mit Knöpfen und Zahnbürste ist das Werkeln für etwas ältere Kinder (ab 7 Jahren) besonders aufregend und damit reizvoll.

Diese Motivation allein wäre sicher noch nicht überzeugend, doch geht es um zwei weitere Anliegen: Ich möchte bei Ihren Kindern die Improvisationsfreude wecken und sie zu gestalterischen Experimenten anregen.
Zugleich werden sie spielerisch erfahren, dass nicht immer gleich der erste Gestaltungsversuch erfolgreich sein wird, sondern, dass gute Bilder oft viel Mühe und Ausprobieren erfordern. Vor allem die Spritztechnik wird zunächst manche Enttäuschung bringen, ehe die richtige Konsistenz der Farbe gefunden, die verschiedenen Manipulationen mit den Papierformen (Negativ-Positiv-Form) verstanden und dann auch noch die richtige Technik zu spritzen eingeübt sind.

# Mit Sieb und Zahnbürste Schattenbilder spritzen

Leihe dir aus der Küche ein kleines Sieb.
Eine alte Zahnbürste, die eigentlich weggeworfen werden sollte, wirst du auch auftreiben.

Nun nimm deinen Malkasten,
wähle deine Lieblingsfarbe und rühre sie mit viel Wasser dünn an.
Lege einen großen Bogen Papier zurecht,
tauche die Zahnbürste in die Farbe,
kratze mit den Borsten so kräftig über das Sieb,
dass viele feinzerstäubte Farbtupfen auf das Blatt spritzen.
Auf diese Weise kannst du dir Farbpapiere herstellen,

126

du kannst aber auch Schablonen benutzen
und interessante Bilder spritzen.
Dazu schneidest du aus festem Papier
z.B. einen Kopf mit Hut aus,
legst ihn auf den Bogen Papier, spritzt darüber.
Nimmst du die Schablone wieder fort,
siehst du inmitten der Farbspritzer als klare weiße,
ausgesparte Form, den Kopf mit Hut.

Wiederhole das
Spritzen mit ver-
schiedenen Farben,
und du wirst
sehen,
je öfter übereinan-
der gespritzt wird,
desto geheimnisvol-
ler wird dein Bild.
Oder – mache es
umgekehrt:
Spritze über das
Blatt, aus dem du
die Schablone aus-
geschnitten hast.
Jetzt erscheint der
Kopf farbig, drum-
herum bleibt alles
weiß.
Ein bisschen üben
musst du aller-
dings, bis es
klappt.

# Knöpfe, Reißverschlüsse und Schraubenschlüssel durchreiben (Frottage)

**W**usstest du, dass man mit Gegenständen aus Omas Nähkästchen oder aus Vaters Werkzeugkiste interessante Bilder durchreiben kann?
Du brauchst nur einen weichen Bleistift, dünnes Papier und viel Phantasie.

Mach zuerst eine Probe. Suche dir eine raue Wand,
halte das Papier daran, fahre nun mit dem Bleistift vorsichtig über das Papier.
Das geht am besten, wenn du den Stift schräg hältst, damit die Spitze nicht ins Papier pikt.
Du wirst sehen, die Buckel und holprigen Stellen geben auf dem Papier ein schwarzes Muster.

Probiere es doch gleich noch einmal. Verwende diesmal eine schöne Münze.
Reibe auch sie vorsichtig durch. Suche dir nun neue Gegenstände,
die eine interessante Oberfläche haben:
Reißverschlüsse und Schlüssel, grobgewebte Stoffe,
aber auch Steine, Körbe, Siebe und Netze.
Damit das Durchpausen nicht langweilig wird, versuche ein Tier, einen Kopf, eine Blume, einen Menschen zusammenzusetzen.
Viel Spaß und guten Erfolg beim Probieren!

# Und auch dieses Märchenbild ist durchgerieben

... erkennst du, was passiert?
Richtig, der kleine Pinocchio, den der große Fisch verschluckt hatte,
wird wieder ausgespuckt.

Oder ist es eher der Prophet Jona aus der Bibel*,
dem das Gleiche passierte?
Lies beide Geschichten oder lass sie dir erzählen, und dann probiere es
doch selber mit dem Durchreiben.
Natürlich kannst du auf diese Weise auch ganz andere Geschichten nacherzählen.

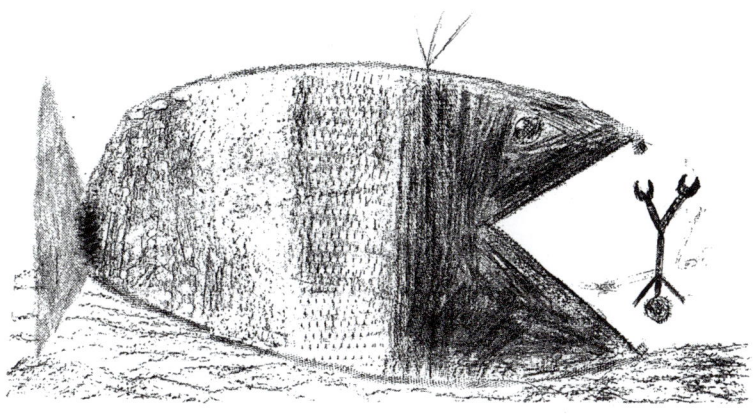

* Vgl. im Alten Testament das Buch Jona

129

# Durchscheinende Bilder aus Butterbrotpapier

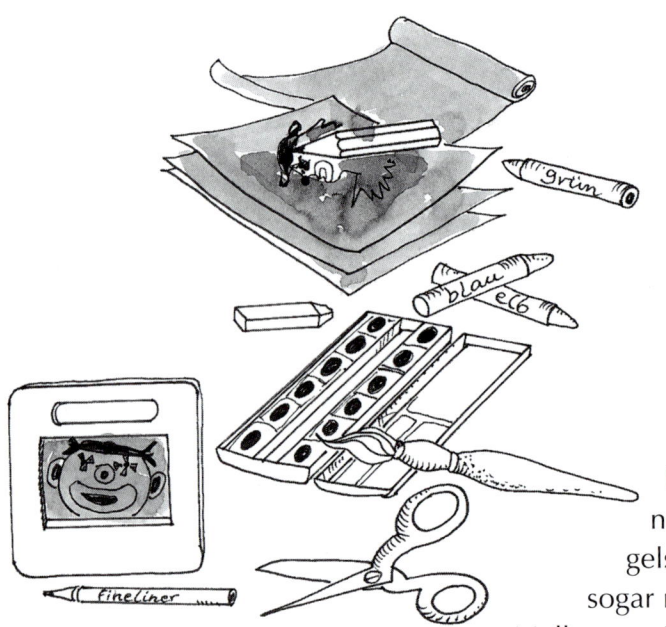

Sicher bekommst du in der Küche einen Bogen Butterbrotpapier geschenkt. Was du damit machen kannst, möchtest du wissen? Nun, du kannst wunderbar darauf malen, mit bunten Filzstiften, mit Finelinern, aber auch mit Kugelschreiber und Bleistift und sogar mit Wasserfarben aus dem Malkasten. Probiere es gleich einmal.

Du wirst sehen, bald hast du den richtigen Dreh heraus. Halte das fertig gemalte Bild gegen das Licht, dann leuchten die Farben richtig auf. Am besten befestigst du dein Butterbrotpapierbild mit etwas Tesafilm an deinem Fenster. So kannst du es immer wieder anschauen.

Oder malst du lieber klitzekleine Durchsehbilder?

Dann besorge dir alte Diarähmchen, klemme ein Stück Butterbrotpapier hinein und male darauf.

130

# Male Rezeptbücher deiner Lieblingsspeisen

**W**as sind deine Lieblingsspeisen? Kartoffelbrei, Würstchen und Pfannkuchen oder Spinat mit Spiegelei? –
Nein, keinen Spinat, lieber Schokoladenpudding und Spaghetti!
Schön, dann male dir doch dein ganz persönliches Kochbuch mit deinen Lieblingsspeisen.
Johannes hat zugeschaut, wie seine Mutter Griesbrei und Birnenkompott kocht.
Male, was man zu deinen Lieblingsgerichten alles braucht.

131

# Aus Rädchen, Schrauben, Drähten ...

Sieh dir diese lustigen Männchen an,
die Friederike, Matthias und ihre Freunde
sich ausgedacht haben.
Versuche es doch selber,
und wenn du magst,
nimm auch Farben dazu.
Male ein kunterbuntes
Männchen
aus Maschinenteilen ...

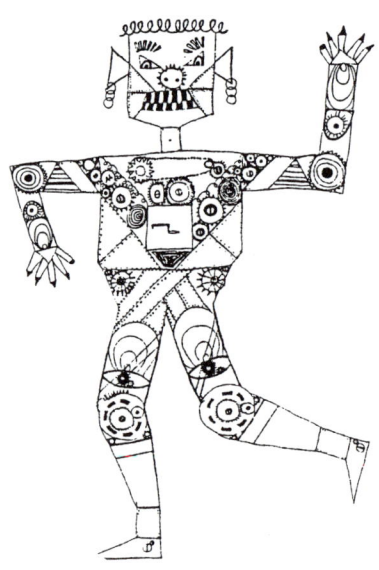

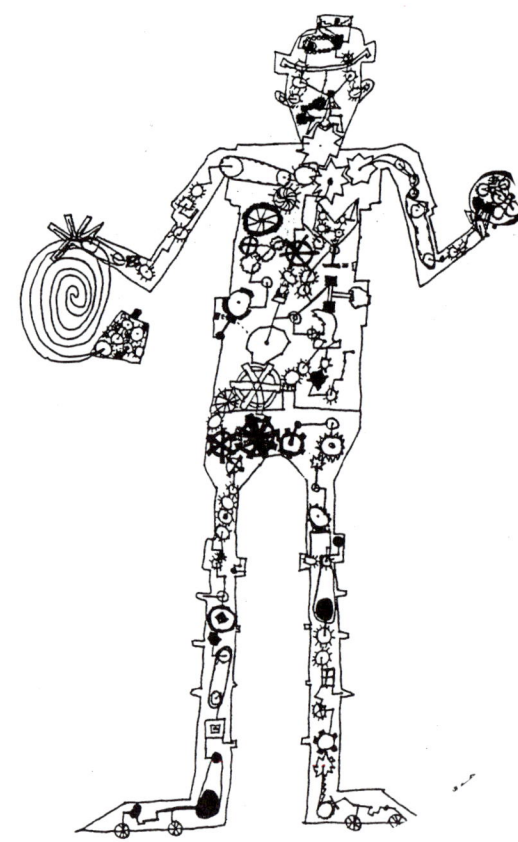

132

# Von Robotern und Maschinen- menschen

**W**er viel Phantasie hat und gerne
Technisches zeichnet,
der sollte einen Roboter erfinden.
Roboter sind technische Wunderwerke,
die viele Tätigkeiten von Menschen
nachahmen können.

Unten seht ihr, wie sich Johannes
den Bau von Robotern vorstellt.
Lasst euch von den Bildern anregen,

Malt, zeichnet, klebt
oder bastelt sogar
einen Roboter –
aus Dosen, Draht
und Nägeln.
Nur Mut!

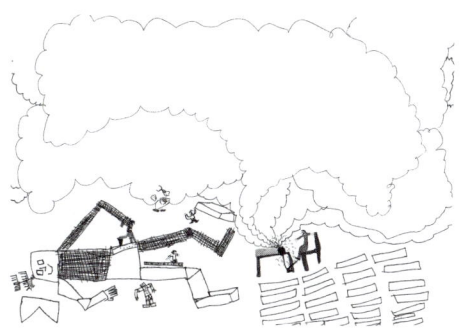

# VI.
## In den Ferien, am Strand, im Wald und zu Hause ...

**... kann** es auch einmal tüchtig regnen. Vielleicht können Sie mit ihren Kindern kaum ins Freie, auch die geplante Bergtour, der Segelausflug fallen ins Wasser. Andere Kinder zum Spielen sind auch nicht zu finden oder sie haben sich gerade mit ihrer besten Freundin verkracht. Was also tun, um der Quengelei ein Ende zu bereiten?

Versuchen Sie es doch wieder einmal mit den probaten Mitteln, mit »Stift und Papier«, die Sie im Gepäck sicherheitshalber immer dabeihaben sollten. Wohl erprobt gegen Langeweile ist beispielsweise das Malen eines Reisetagebuches. Ein unbenutztes Heft ohne Linien genügt oder auch ein einfacher weißer Schreibblock.

Auf jede Seite kommt ein neues Bild. Sprüht Ihr Kind nicht gleich vor Einfällen, was alles in dies Erinnerungsbuch hineingemalt werden kann, dann helfen Sie seinem Gedächtnis nach, erinnern Sie sich gemeinsam an all die schönen Ferienerlebnisse, die sie in den letzten Tagen schon hatten, die Fahrt mit dem Zug, der Fähre, was alles haben wir auf dem Flugplatz erlebt; wie stellst du dir das Cockpit vor? ... Wie ist unser Blick aus dem Zelt, dem Hotel- oder Hüttenfenster? Wie sehen die Kutter im Hafen, die

Kühe auf der Weide oder Angler am Fluss aus? Was ist dein Lieblingsessen im Gasthaus – außer Eis? Oder male doch, was dir bisher am besten gefallen hat: den Wasserfall, das Sägewerk, die Schnecke, die du gefunden hast. Oder hat dir der Trachtenumzug besser gefallen?

Es gibt so viele Erlebnisse, die noch einmal beim Zeichnen und Malen durchlebt und Ihrem Kind nun viel eindrücklicher in Erinnerung bleiben werden. Damit hat sich das Reistagebuch schon gelohnt und später daheim, beim Wieder-Durchblättern fällt allen so manches wieder ein, was sie sonst längst vergessen hätten.

Übrigens: Mit gemalten Bildern von der Reise oder aus den Ferien lassen sich Kinderzimmerwände besonders hübsch schmücken. Versuchen Sie es doch einmal mit einer kleinen Ausstellung. Anregungen zu weiteren Themen finden Sie auf den nächsten Seiten!

# Wenn ich an Ferien denke ...

*... dann* fallen mir viele schöne Dinge ein, Segelboote, Blumenwiesen, Straßenfeste ...

... auch Federball und Schwimmtier,
Sonnenschirme am Strand,
ein Segelboot auf dem Meer,
mein Picknickkoffer,
die Fahrt mit der Eisenbahn,
Sonne und Regen,
Pilze und Zirkus ...

oder:
Eisenbahn und Pudelmütze,
Bücher und Schallplatten,
Weihnachtsbaum und Ski,
Handschuh und
Tannenzapfen,
Schlittschuhlaufen,
Schnee und Berge,
Ball und Sonnen-
schirm ...

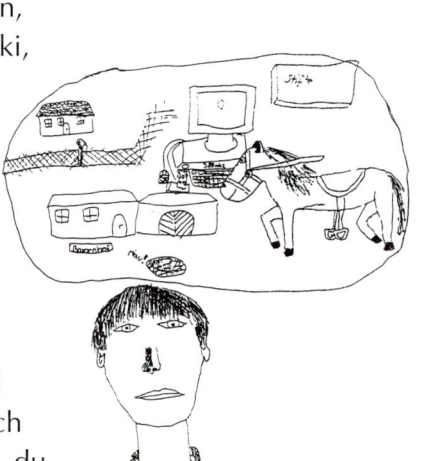

Und was fällt dir ein?
Zeichne dich selbst und
all die Dinge, die dir durch
den Kopf gehen, wenn du
dich auf die Ferien freust.

136

# Buddelschiff ahoi!

Wer am Meer wohnt, weiß, dass eine Buddel eine Flasche ist
und ein Buddelschiff ein kleines,
vollaufgetakeltes hölzernes Segelschiffchen,
das mit viel Geduld in eine leere Flasche hineinbugsiert wurde.
Im Winter, wenn sie nicht zur See fuhren,
bastelten Matrosen solche hübschen Buddelschiffe
und verdienten sich ein wenig Geld damit.
Wenn du Spaß an Schiffen hast
und gerne ein besonders schönes Bild zeichnen möchtest,
das dich an deine Ferien am Meer erinnert,
dann zeichne doch ein Buddelschiff.
Als Anregung siehst du eines abgebildet.

SCHWARZE LILI

# Mein gläserner Koffer

Vorfreude ist die schönste Freude, sagen kluge Leute.
Schon beim Kofferpacken freuen wir uns auf die Reise.
Nichts darf vergessen werden.
Was nimmst du mit?

Am Flughafen werden Koffer durchleuchtet.
Stelle dir vor,
alle Leute hätten gläserne Koffer,
jeder könnte sehen, was du in deinem Koffer hast:
Kuscheltier und warme Socken,
Stift und Papier,
den warmen Pullover mit dem schönen Muster,
natürlich Hemden und Hosen,
einen Apfel, ein Buch und Gummibärchen,
Zahnbürste und Waschlappen,
Sonnenhut oder Regenschirm?
Und was haben wohl andere Leute im Koffer?
Hier siehst du einige Koffer abgebildet.

# Erinnerungsbilder –
# Hafenstadt am Meer

Du bist in den Ferien ans Meer oder an einen See gefahren. Dort hast du Schiffe im Hafen gesehen, Fischer, Netze und vieles mehr ...

Bald waren die Ferien vorbei, leider. Am liebsten wärest du noch geblieben und nicht schon wieder in die Schule gegangen.
Male dir doch wenigstens noch ein Erinnerungsbild.
Male den Hafen, die Kräne, die Schiffe und Steine,
den Sand und das Meer, die Freunde, die du am Strand kennen gelernt hast oder auch die Fischerfrau auf dem Markt.
Dies Bild kannst du in deinem Zimmer aufhängen.
Immer wenn du es anschaust, freust du dich auf die nächsten Ferien!

Du warst nicht am Meer oder an einem See, auch nicht schlimm. Male doch das, was du erlebt hast, auf dem Bauernhof, in den Bergen, auf einem Reiterhof oder zu Hause beim Stadtfest ...

# Bilder in den Sand gemalt

Vielleicht fährst du in den Ferien
ans Meer oder an einen See.
Am Strand buddeln kleine Kinder im Sand,
du kannst deine Bilder in den Sand malen.

Versuche es doch mit einem Stock
oder mit dem Finger ...
Du kannst aber auch Bilder legen,
mit Muscheln oder mit hübschen Steinen,
mit Tang oder mit kleinen Ästen.
Zum Beispiel ein Männchen oder zwei,
die Sonne und was dir sonst so alles einfällt.
Nur sei nicht traurig,
der Wind pustet dein Bild bald weg!

140

# Eine gemalte Flotte

Am Meer und an Flüssen
kann man vorbeifahrende
Schiffe beobachten.
Alle haben unterschied-
liche Kajütaufbauten,
Kräne oder Fischfang-
vorrichtungen.
Einige haben hohe Schorn-
steine, andere Segel.

Hast du auch schon einmal
Schiffen bei der Fahrt
zugeschaut?
Vielleicht großen und
langen Containerschiffen,
die so hoch mit
Containern beladen sind,
dass man ihren Schiffsrumpf
kaum mehr sieht,
oder Öltankern beim
Löschen im Hafen?
Erinnere dich,
wie sahen sie alle aus?

Schiffe.

# Kartengruß aus
# den Bergen

## Liebe Liesel,

wir sind in die Ferien ge-
fahren. Gestern waren wir
mit dem Lift auf einem
ganz hohen Berg.
Das war aufregend!
Es ging so tief runter.
Ich habe dir ein Bild davon
gemalt.
Davor ist das Haus, in dem
wir wohnen.
Ich stehe am Fenster.
Es grüßt dich

### dein Peter

Feriengrüße auf selbst gemalten
Karten sind viel schöner als gekauf-
te Postkarten. Auf der Post bekommst du leere Karten schon mit
Briefmarken bedruckt.
Auf die Rückseite male mit Stiften,
Kreiden, Filzern oder mit Deckfarben alles, was du Schönes erlebt
oder gesehen hast.

142

# über alle Toppen geflaggt

So hieß es vor langen Zeiten an der Küste, wenn ein Schiff nach wochenlanger Seefahrt glücklich heimkehrte. Von einer Mastspitze zur anderen und vom Bug zum Heck war eine Leine mit vielen kleinen bunten Stoffstückchen gespannt. »Über alle Toppen geflaggt« war ein Freudenzeichen. Heute flaggen Krabbenkutter bei Hafenfesten über alle Toppen und das sieht hübsch aus. Vielleicht hast du das schon einmal erlebt.

Schmücke dein Schiffchen ebenso. Male kleine farbige Flaggen, schneide sie aus und klebe sie an einen Faden. Den spannst du von einem Ende des Schiffes über die Mastspitze zum anderen Ende.
Lustig ist es auch, wenn du dir für deine Ferien an der See schon zu Hause an einer langen Schnur farbige Stoffwimpel befestigst. Diese Schnur legst du am Strand aus oder schmückst deine Sandburg damit.

SEUTE DEEQN 2      1765

# In Steine zeichnen

Kennst du die weichen Schwemmsteinplatten,
die es in jedem Baustoffmarkt zu kaufen gibt?
Sie sind weiß, haben feine Löcher
und sind so weich,
dass man mit einem stumpfen Messer
oder mit einem Schraubenzieher
ganz tiefe Rillen hineinkratzen kann.

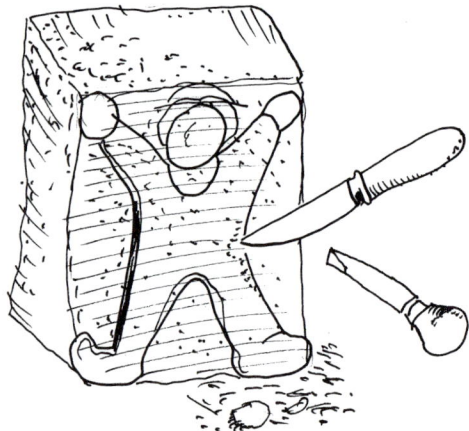

Tim hat einen Indianer in seinen Stein geritzt
und Lisa eine Hexe mit dem Besen.
Was ritzt du in deinen Stein hinein?
Einen Fisch, ein Schiff oder einen Schmetterling?

Wer schon mehr Erfahrung mit dem Schneiden und Formen von Ytong-Steinen hat,
kann seine Figur auch so bearbeiten, dass man sie richtig fühlen kann.
Das geht ganz einfach: Kratze die Umrisse recht tief in den Stein hinein und schräge beide Seiten zu der Rille hin ab. Glätte nun die Oberfläche schön, damit sich die Figur angenehm anfühlt.
Stelle deine Steinplastik im Garten, auf dem Balkon oder in deinem Zimmer auf, damit sich auch andere darüber freuen.

# Mein Reisetagebuch erzählt

Wer eine Reise macht, kann viel erzählen, sagt ein altes Sprichwort. Hat es nicht Recht? Unterwegs siehst du viel Neues, an das du dich später gerne erinnerst.

Statt Tagebuch zu schreiben, male dir doch eines!

Besorge dir ein unliniertes Heft.

Stift und Farben hast du sowieso.

Dann kannst du gleich anfangen:

Erzähle in Bildern, was du am Tag alles entdeckt, gesehen, erlebt hast, was dich geärgert oder dir Freude gemacht hat.

Zum Beispiel, wie du mit der Zahnradbahn auf den Berg oder mit dem Schiff auf dem See gefahren bist.

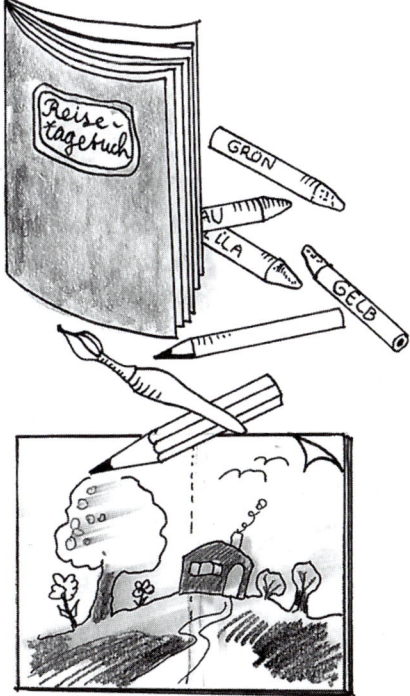

Erzähle vom Tierpark, von deiner Katze oder vom Ferienlager.

Du wirst sehen, bis zum Ende der Ferien hast du ein buntes Bilderbuch deiner Erlebnisse gemalt.

# VII.
## Allerlei Spielereien mit Buchstaben ...

**... machen** Kindern, die schon ein wenig Erfahrung mit dem Schreiben haben, Freude. Hebt sich die Beschäftigung mit Schrift dazu noch deutlich von den üblichen Schönschreib-Übungen ab, umso besser!

**... schulen** ganz nebenbei das kindliche Auge für Buchstabenabstände, für Größenverhältnisse und für Binnen- und Außenformen. Der spielerische Umgang mit Buchstaben führt zu ersten Vorstellungen, wie man seinen Briefkopf gestalten könnte oder auch ein Einladungsplakat zur Geburtstagsparty.

# Schreib-Spielereien mit deinem Namen

Hast du auch schon einmal versucht,
schwungvoll deine Unterschrift zu schreiben?
Und hast du ausprobiert,
wie sie am wirkungsvollsten ist?
Probiere einmal deinen Namen ganz groß
und alle Buchstaben in einem Zug zu
schreiben.
Versuche es zuerst in der Luft.
Ganz einfach ist es nicht, ohne abzusetzen.
Aber, du schaffst es schon!

Nun nimm ein Blatt Papier, verschiedene
Farbstifte,
und schreibe wenigstens 15 mal
immer wieder übereinander deinen Namen.
Du wirst sehen,
es macht Spaß, so groß
und so
kunterbunt zu
schreiben.
Und vergiss nicht,
wirklich
alles ohne abzu-
brechen in einem
Zug schreiben!
Nicht
schummeln!

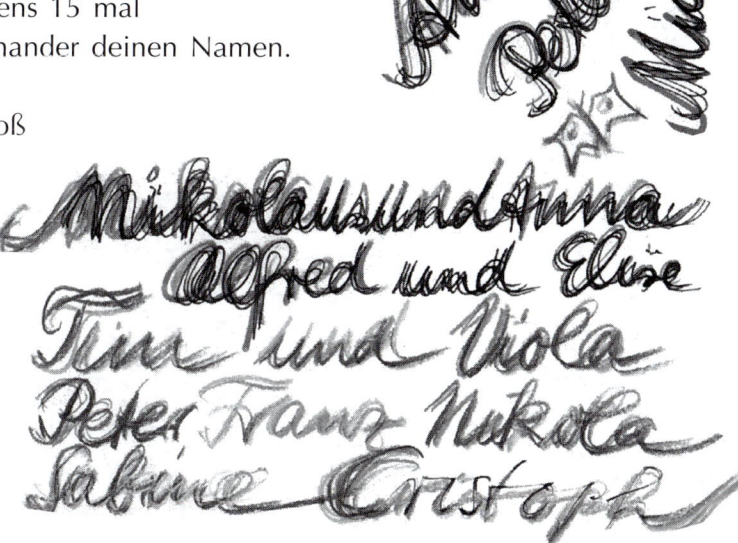

# oder gestalte ein Plakat zu deiner Geburtstagsparty

**W**as hältst du davon,
deine Geburtstagsgäste
mit einem großen,
bunten Plakat zu empfangen?

### Herzlich willkommen zu Tims Geburtstag

könnte zum Beispiel daraufstehen.
Mit etwas Buntpapier
einem großen Bogen Packpapier,
mit Stift, Klebstoff, Schere ist das im Handumdrehn geschehen:

Schneide aus verschiedenfarbigen Papieren so viele Rechtecke (mindestens 5 x 6 cm) aus, wie Buchstaben benötigt werden.

Zeichne auf jedes Rechteck einen der Großbuchstaben so breitflächig auf, wie es unten auf der Seite vorgezeichnet ist, schneide sie aus, ordne sie zu Worten und klebe sie fest. Ein paar bunte Blumen oder einen Geburtstagsstrauß kannst du natürlich auch noch dazumalen.

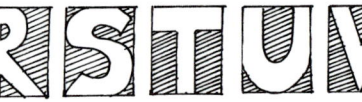

# Bilder nur aus Buchstaben kleben

Dir machen Klebebilder Spaß?
Dann suche dir große, fett und ganz schwarz
gedruckte Buchstaben in der Zeitung.
Schneide sie aus und ordne sie
nach Buchstaben: alle m's, o's und so weiter ...

Wenn du genügend gesammelt hast,
dann lege Bilder aus b's, m's, u's auf ein Papier.
Klebe alles sorgfältig fest.

# Ein Buchstabenhaus bauen

**W**arum nicht einmal Buchstaben malen?
Zeichne doch ein Buchstabenbild,
zum Beispiel ein Haus aus lauter Buchstaben,
oder einen Baum, einen Menschen.
Dir wird schon etwas Lustiges einfallen.
Fange nur erst einmal an.
Beginne mit großen, flächigen Buchstaben,
die werden dann immer kleiner,
manche sind schwarz ausgefüllt,
andere innen leer und so weiter
und so weiter ...

# Ein Fleckerlteppich aus Wortbildern

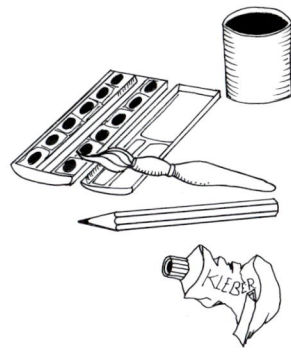

Dies ist ein Malspiel, bei dem viele Freundinnen und Freunde mitmachen können.

Vielleicht probiert ihr es an einem Regentag aus.

Je mehr von euren Freundinnen und Freunden mitmachen, desto schöner und größer wird der Fleckerlteppich. Ihr braucht mehrere gleich große, schmale Streifen Papier, einen Bleistift, Deckfarben, Pinsel und etwas Geduld.

Jeder wählt ein Wort, z.B. Schiff, Fisch, Blume, und schreibt es mit großen flächigen Druckbuchstaben auf den Streifen Papier. Am besten so, dass die Buchstaben alle gleich groß und ihre Balken gleich dick sind.

Dann malt jeder sein Wortbild in schönsten Farben aus.

Mischt sie auch, damit viele unterschiedlichen Farben entstehen.

Dann malt den Hintergrund.

Hat jeder seinen Wortstreifen fertig gemalt, legt alle Streifen wie zu einem Fleckerlteppich aneinander und untereinander und klebt sie zu einem Bild zusammen. Fertig ist ein schöner bunter Fleckerlteppich für die Wand.

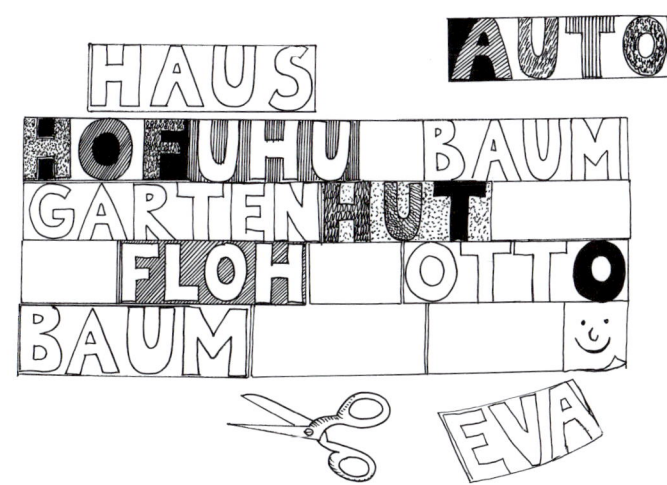

# Kistenschrift für Kenner

Früher bemalte man Kisten mit Schablonenschrift.
Man legte die ausgeschnittene Schablone auf die Kiste,
malte einmal mit Pinsel und Farbe darüber,
nahm die Schablone fort,
und das Wort oder die Zahl stand gut
lesbar auf der Kiste.
So sieht die Kistenschrift aus:

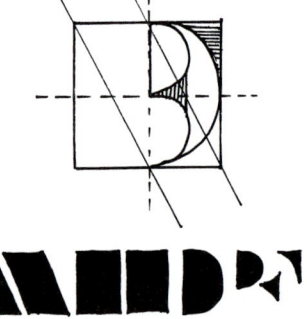

Du kannst sie leicht selber schreiben,
wenn du nur immer daran denkst, die
Zwischenräume nicht zu vergessen!

ABCDEF
GHIJKLM
NOPQRST
UVWXYZ

ULI · EVA · LISA
KISTENSCHRIFT

152

# Wenn Buchstaben laufen lernen

Siehst du, was Corinna sich ausgedacht hat:
Sie hat jeden Buchstaben ihres Namens
mit Köpfen, Händen und Füßen versehen.
Lustig sieht ihr Name nun aus, findest du nicht auch?
Ganz so, als hampelten die Buchstaben herum oder wollten
sie weglaufen ...
In der Eile hat Corinna einen Buchstaben falsch herum gemalt.
Weißt du welchen?

Wie sehen denn die Buchstaben-
männchen deines
Namens aus?
Und wenn sie
Kopf stehen sol-
len, wie müsstest
du sie dann
malen?

# Geheimschriften

**W**illst du dir mit deinen Freunden Briefe schreiben,
die niemand sonst lesen soll,
dann erfindet euch doch eine Geheimschrift.
Lisa und Tim haben sich diese ausgedacht:

Und hier steht ihr Brief, kannst du ihn entziffern?
Natürlich kannst du deine Geheimschrift selbst zusammenstellen.
Fange gleich damit an: Erfinde zu jedem Buchstaben des Alphabets ein
eigenes Geheimzeichen und setze dann die Worte in deiner Geheimschrift
zusammen.

A   B   C   D   E   F   G   H   I   J

K   L   M   N   O   P   Q   R   S

T   U   V   W   Z

# Köpfe aus Buchstaben formen

Mit diesem Bild kannst du dich
eine ganze Weile beschäftigen
und deine Freunde werden staunen,
      was dir für eine tolle Zeichnung gelungen ist.

In Italien gab es vor mehreren hundert Jahren
  einen Künstler namens Arcimboldo.
  Er malte merkwürdige Bilder.
  Aus der Ferne sahen sie wie Menschenköpfe
  aus,
  aus der Nähe entdeckte man aber,
  dass der eine zum Beispiel aus Früchten
  zusammengesetzt war,
  der andere
  aus Fischen.
  Versuche du
  doch einmal,
  einen Kopf
  aus verschiedenen Buchstaben zusammenzusetzen.

Das können große und kleine sein,
fett schwarz ausgefüllte oder nur
umrandete.
Lass dich von den beiden Beispielen
anregen.
Viel Spaß bei dieser kniffligen Zeichnerei!

# ... oder einen lustigen Buchstabenmenschen

**W**ie du das machen könntest,
siehst du auf einen Blick,
wenn du dir diese Zeichnung
genau ansiehst!

Allerlei große,
kleine,
schwarz ausgefüllte
oder weiß gelassene
Buchstaben türmst
du zu
einer springenden, lustigen Figur.

Ob du das auch kannst?
Aber natürlich,
und deine Figur wird sicher
noch viel witziger!

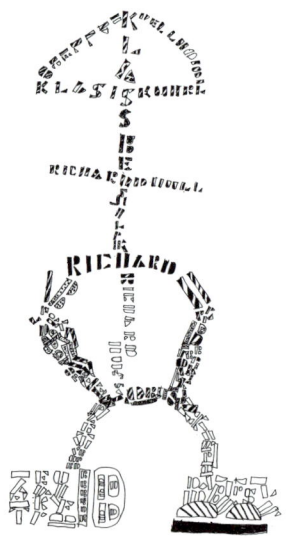

# VIII.
# Lustige Malspiele für unterwegs und zu Hause

**M**anchmal reichen all unsere guten Beschäftigungsideen nicht aus. Die Kinder haben Freunde eingeladen und nach einer Weile kommt der Zeitpunkt, wo sie nur noch toben und vor Müdigkeit außer Rand und Band geraten. Nun ist es an der Zeit, die kleine Bande mit einem etwas ruhigeren Spiel an den Tisch zu holen und sie für ein ungewohntes Spiel zu interessieren.

In solchen Situationen – egal, ob unterwegs in den Ferien oder im Kindergarten oder zu Hause – haben sich vor allem Zeichenspiele bewährt, die weniger das Wissen ansprechen, als den Witz und den Erfindungsgeist. Spiele dieser Art haben oft den Vorteil, dass mehrere Kinder zugleich daran teilnehmen können. Manchmal sind sogar Erwachsene als Mitspieler erwünscht!

Zum Abschluss einer lustigen Spielestunde könnte das pfiffigste Bild prämiert, die originellste Mal-Idee gefeiert werden. Es schadet nicht, gelegentlich auch beim Malen und Zeichnen in einen sportlichen Wettstreit zu treten – nach dem Motto: Wer malt den wildesten Mann, die schrumpeligste Hexe, die verrückteste Verkleidung ... Es versteht sich von selbst, dass nicht nur immer der oder die Begabteste alle Preise einheimsen soll, sondern auch diejenigen, die sich gemüht haben und mit Eifer dabei waren. An jedem Kinderbild lässt sich etwas loben: eine besonders schöne Stelle, ein guter Einfall oder die sorgfältige Ausführung!

# Vom Zwerglein zum Stelzenmann – Faltbilder zeichnen

**W**illst du deine Freunde einmal
so richtig mit einem Zeichentrick verblüffen?
Nichts leichter als das!
Falte ein Stück Papier genauso,
wie du es hier aufgezeichnet findest.
Zeichne dann über die beiden Oberseiten
zuerst eine kleine Figur: ein Tier,
oder was dir sonst lustiges einfällt.

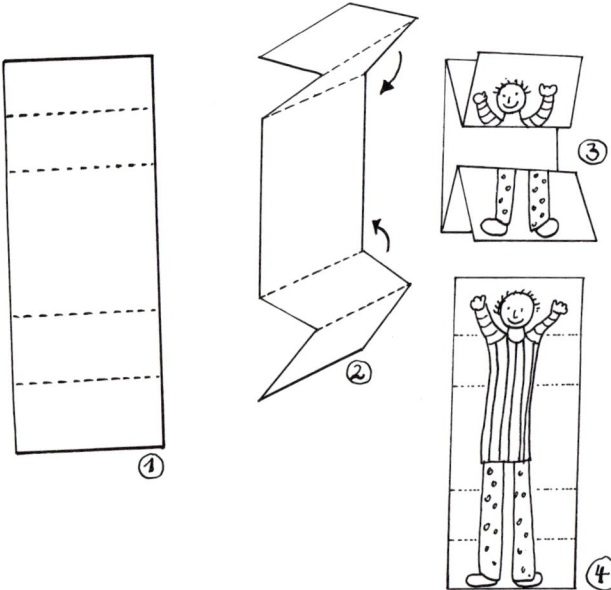

Falte dann das Blatt auseinander und verbinde die obere Hälfte der Zeichnung mit der unteren zu einer möglichst lustigen Riesenfigur. Natürlich sollten die Anschlussstücke genau aneinanderpassen. Klappe alles wieder zusammen, schwupps, ist aus dem Mann mit den Stelzenbeinen wieder das Zwerglein geworden.

# sie nur, der Baum verwandelt sich ...

... zu einer Dame mit langem Rüschenkleid.
Bist du überrascht?

Zeichne auch einen Baum oben auf das Faltpapier
verberge dann innen ebenfalls eine spaßige Figur.
Das kann auch ein Kasperl,
ein Clown,
eine Hexe,
eine Zauberer,
der Struwelpeter
oder ein Phantasietier sein.

Zeichnet mit Freunden und Freundinnen um die Wette.
Damit es auch gut klappt,
faltet die Papiere immer gleich
nach dem auf Seite 158 abgebildeten
Muster!

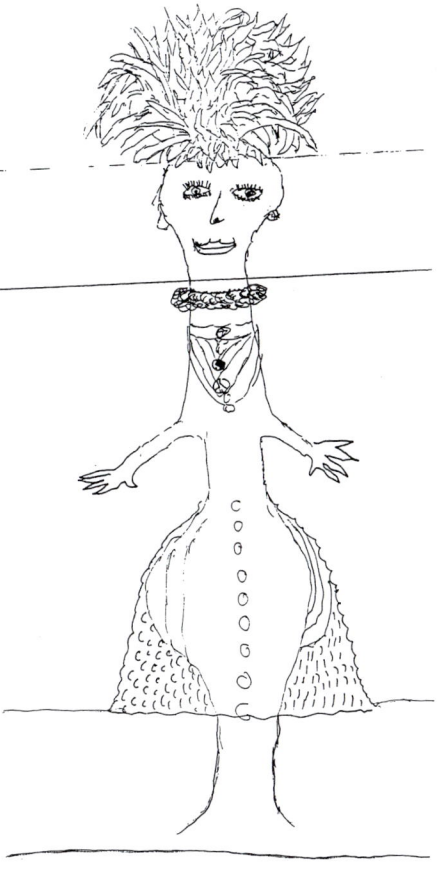

# Elisabeth spielt Fotograf

Der Vater von Elisabeths Freundin Franziska ist Fotograf. Bei ihm hat Elisabeth gesehen, wie aus Filmen Fotos werden. In seiner Dunkelkammer werden Filme entwickelt, Fotopapiere belichtet, dann gewässert und im Trockner getrocknet.

Seitdem spielt Elisabeth gerne Fotograf. Aus einer Schachtel hat sie sich einen Fotoapparat gebaut. Nun knipst sie Leute, auch solche, die das gar nicht so gerne mögen.

Hast du auch Lust, mit deinen Freunden Fotograf zu spielen?

Du brauchst eine Schachtel mit zwei Löchern, eines vorne und das zweite genau dahinter auf der Rückwand. Die Schachtel beklebste du rundherum mit einem Streifen Papier. Elisabeth hat einen Rest Goldfolie von Weihnachten verwendet.

Dann denkst du dir verschiedene Menschen aus, den Bruder, die Mama, den Papa, die Oma, den alten Nachbarn und deine Freundinnen und Freunde, eben alle, die du vielleicht mit deinem Apparat fotografieren möchtest.

Von jedem malst du ein Bild, so groß wie ein Passfoto. Wenn du Lust hast, klebst du einen schönen Rand dazu, so wie Elisabeth es gemacht hat. Einige ihrer gemalten Fotos kannst du auf der nächsten Seite abgebildet sehen. Die Bilder versteckst du in einem Schlitz an der Seite deines Apparates.

Nun gehst du auf die Jagd,
schaust durch den Sucher,
sagst »klick«,
fertig ist das Bild.
Du nimmst es heraus und verschenkst es.
Sicher freuen sich alle darüber.

160

Elisabeth hat es etwas anders gemacht. Nach dem Fotografieren hat sie gesagt: »Jetzt muss ich in meine Dunkelkammer gehen zum Filmentwickeln und Fotosabziehen.

Das Foto wird dann geliefert.«

Schnell ist sie in eine Kammer geflitzt, hat das Bild gemalt und es erst später überreicht.

161

# Was hat sich hier nur verändert? – Suchbilder zeichnen

Zeichne mit schwarzem Filzstift, mit Bleistift oder Fineliner ein interessantes Bild und lasse es einmal kopieren.

Die Kopie veränderst du an verschiedenen Stellen. Das können gut sichtbar hinzugefügte Gegenstände sein:

ein Knopf auf dem Kleid,
Brille auf der Nase,
eine Blume, Grashalme,
ein Weg, die Maus,
die vorwitzig hinter der Schatztruhe hervorlugt,
vielleicht auch ein Spinnennetz
in der anderen Zimmerecke und so weiter ...

Wenn du deine Freunde und Freundinnen ärgern möchtest, könnten es auch schwerer erkennbare Veränderungen sein:
zum Beispiel der Wurm in der Hand des Gespenstes.
Hast du nicht auch das eine gebogene Haar beinahe übersehen?

Übrigens: Auch ohne Kopiermöglichkeit kannst du dir leicht Suchbilder herstellen.
Lege einfach über deine erste Zeichnung ein zweites Blatt Papier, halte beides bei Tageslicht ans Fenster und male die durchscheinenden Linien nach.

Fertig ist die Kopie.

# Spaßworte und Bilder erfinden – Wie der Dichter Morgenstern

Ochsenspatz

**Der Ochenspatz**
**Die Kamelente**
**Der Regenlöwe**
**Der Walfischvogel**
**Die Quallenwanze**
**Der Gürtelstier**
**Der Pfauenochs**
**Der Eulenwurm**
**Der Giraffenigel**

Christian Morgenstern

Kamelente

Walfischvogel

164

Hast du herausgefunden, wie die Spaßworte entstehen? Richtig, es sind zusammengesetzte Worte aus je zwei Tieren. Kannst du sie auch in Bildern malen?

Schwieriger wird es, wenn du nicht Tiere, sondern Gegenstände zusammensetzt und in Bildern darstellen willst. Probiere es einmal!

Eulen-
wurm

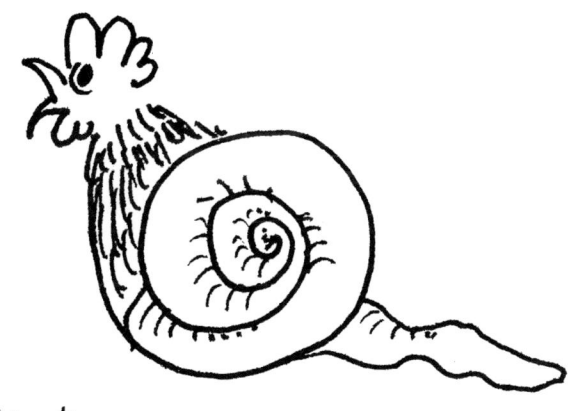

Hühnerschnecke

Kükenmaus

Giraffenigel

# Ich male jemanden, den du kennst ... Wer ist es?

Jeder kennt das Spiel: »Ich sehe was, was du nicht siehst«. Wandele dies Spiel, ab, indem du nicht mit Worten beschreibst, wen oder was du meinst, sondern mit einer Zeichnung.

Das geht so: Lege Papier und Stift zurecht.

Nun beginnt eine deiner Freundinnen jemanden zu zeichnen, den alle gut kennen:

Papa und mama

Herr Klug und Frau Streng

Lisa und Fritz

Nicola

wer ist das?

und unser Hund Wurzel

166

den Großvater, Tante Amalie,
den schimpfenden Nachbarn,
der es nicht gerne sieht,
wenn Kinder Spaß beim Fußballspielen haben,
den Postboten,
die nette oder strenge Lehrerin
oder sogar jemanden aus dem Mitspielerkreis.
Damit die Mitspieler aber überhaupt eine Chance haben
herauzufinden, wer gemeint ist,
müßt ihr das, was für die Person wichtig ist,
etwas übertreiben:
den dicken Schnauzbart des Großvaters,
die Briefe in der Hand des Postboten und so fort.
Diejenige aus der Runde, die die gesuchte Person als Erste nennt,
darf nun selber zeichnen,
die anderen müssen raten.
Viel Spaß an diesem nicht ganz einfachen Spiel!

# Das total verrückte Haus

Du hast Lust, Unsinn zu machen?
Nur zu, lass dir etwas einfallen.
Etwas ganz Unglaubliches, ein Haus voller Verrücktheiten, in dem Menschen
mit Kühlschränken fliegen, Kopf stehend über Treppen laufen.

Menschen, die sich an der Leine führen oder von der Decke hängen. Spaßig verkleidete Akrobaten.

Sie rutschen das Treppengeländer herunter oder turnen durch die Luft.

Im Haar trägt eine Frau ein Vogelnest, ein Pferd beim Frühstück am Tisch und so weiter und so fort ...

# Der wilde Mann

Den wilden Mann,
den du hier
abgezeichnet siehst,
hat sich ein berühmter Maler ausgedacht.
Er hieß Paul Klee.
Er malte viele Bilder,
die auch Kindern gut gefallen.

Sieh nur, dieser Wilde hier
hat Hörner auf dem Kopf
und Pfeile – oder ist es doch ein
Hut?

Wie ein Vorhang fallen
seine langen Haare.
Und täusche ich mich,
oder sehe ich recht,
sein Gesicht ist das
von einer Miezekatze?

Und seine Beine?
Zwei schwingt er rechts und zwei
nach links
hat er vier oder sind es nur zwei
Pfeile?

Warum ist der Mann so wild?
Erzähl mir das in deinem Bild!

170

# Den Zufall und die Phantasie spielen lassen – Pustebilder

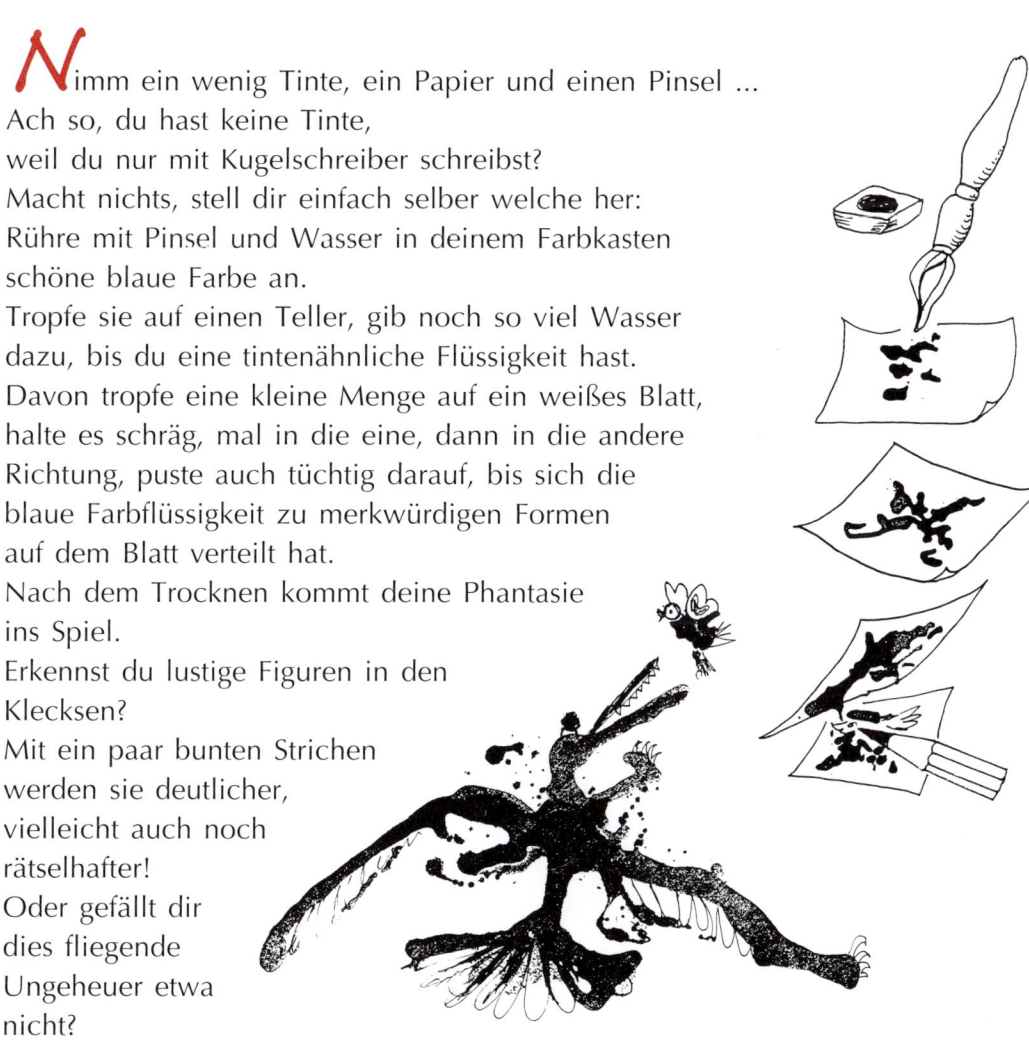

**N**imm ein wenig Tinte, ein Papier und einen Pinsel ...
Ach so, du hast keine Tinte,
weil du nur mit Kugelschreiber schreibst?
Macht nichts, stell dir einfach selber welche her:
Rühre mit Pinsel und Wasser in deinem Farbkasten
schöne blaue Farbe an.
Tropfe sie auf einen Teller, gib noch so viel Wasser
dazu, bis du eine tintenähnliche Flüssigkeit hast.
Davon tropfe eine kleine Menge auf ein weißes Blatt,
halte es schräg, mal in die eine, dann in die andere
Richtung, puste auch tüchtig darauf, bis sich die
blaue Farbflüssigkeit zu merkwürdigen Formen
auf dem Blatt verteilt hat.
Nach dem Trocknen kommt deine Phantasie
ins Spiel.
Erkennst du lustige Figuren in den
Klecksen?
Mit ein paar bunten Strichen
werden sie deutlicher,
vielleicht auch noch
rätselhafter!
Oder gefällt dir
dies fliegende
Ungeheuer etwa
nicht?

# Mann und Frau –
# im Nu verwandelt

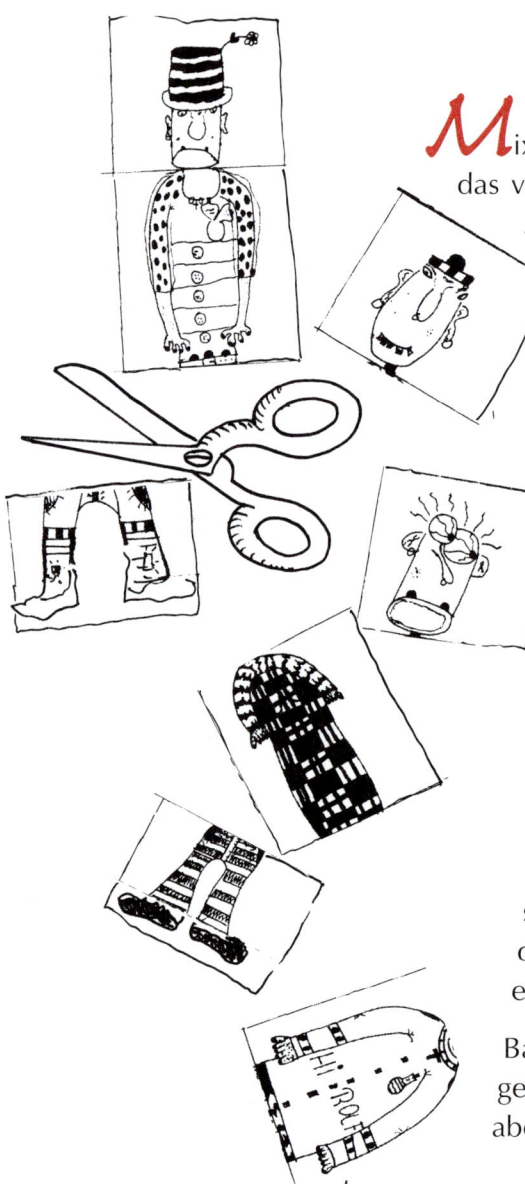

**M**ix Max heißt das Bilderbuch,
das viele Kinder zum Lachen bringt.
Auf seinen Bildseiten
sind verschiedene Leute zu
sehen:
ein Jäger mit grünem Jäger-
hut, die feine Dame mit Stö-
ckelschuhen,
der Turner mit gestreiftem Trikot
und viele andere mehr.

Nun du wirst staunen, was passiert, wenn du die Seite umblät-
tern möchtest?
So einfach geht das nicht:
Alle Seiten sind dreigeteilt,
ein Teil für den Kopf mit Hut,
der mittlere zeigt den Körper
und schließlich kommen die Beine.
Du blätterst also den oberen Teil um,
schon hat der Jäger einen Damenkopf,
du blätterst unten zweimal um,
erscheinen nackte Beine und so fort.

Bald kennst du die vielen Verwandlun-
gen, es fängt an, dich zu langweilen,
aber du brauchst ein Geschenk.

172

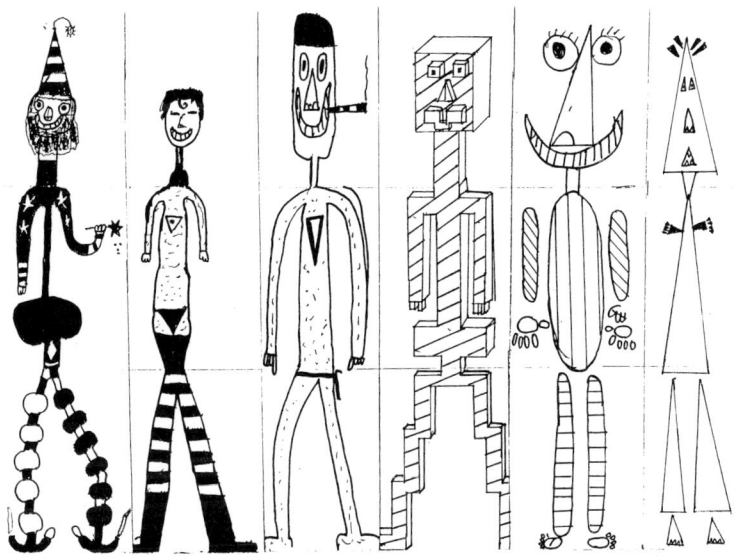

Versuche es mit einem selbst gemalten Mix Max!
Wie du das Blatt einteilen musst,
und wie du die einzelnen Figuren einschneidest
und zusammentackerst, siehst du nebenan.

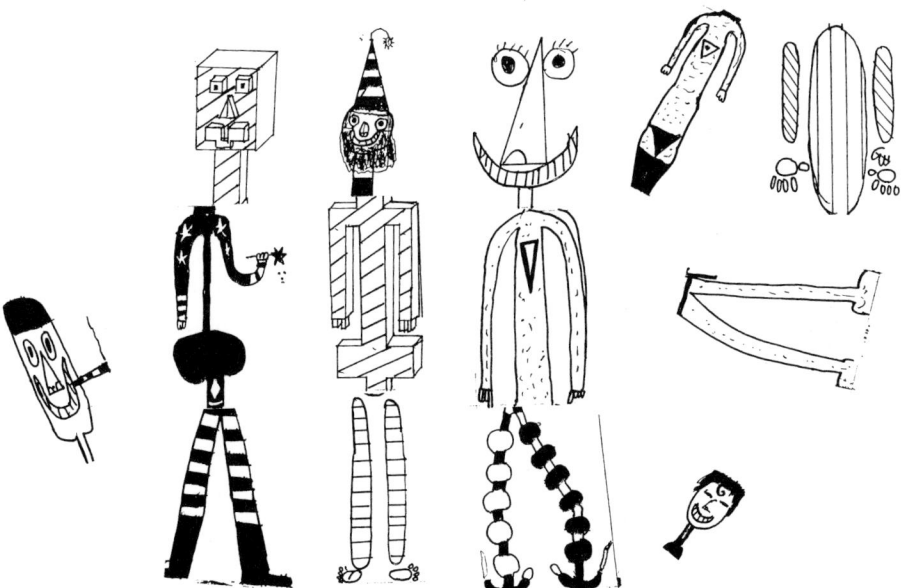

# Auf der Suche
## nach dem rechten Weg –
## Das Labyrinthspiel

Dies ist eine besonders knifflige Aufgabe.
Hast du Lust, um ein kleines Viereck herum ein verwirrendes Netz aus Wegen so anzulegen, dass sich deine Mitspieler auf dem Weg zur Mitte erst mühsam hindurchsuchen müssen oder sich sogar verirren?

König Minos auf Kreta soll – der Sage nach – das erste Labyrinth haben bauen lassen. Darin sperrte er den Stier Minotaurus ein. Als Theseus das Ungeheuer töten wollte, schenkte ihm Ariadne ein Wollknäuel, damit er sich im Labyrinth nicht verirrte.

Und tatsächlich fand er glücklich am langen Faden entlang zum Ausgang zurück.

Fange also in der Mitte des Blattes mit dem Ort an, den es zu erreichen gilt.
Wenn du willst, zeichne ein Ungeheuer ein. Führe davon drei bis fünf Wege ab, die du nun kunstvoll und Stück für Stück so weiterführen musst,
dass alle bis auf einen in Sackgassen oder langen Umwegen enden, ehe sie in den Hauptweg münden.

Der Minotaurus ist einge-schlossen

Findest du den Weg?

Labyrinth

Ritter

Johannes hat
die Prinzessin
gezeichnet. Ein
Drache bewacht sie.
Finden die Ritter
rechtzeitig den
Weg sie zu
befreien?

Zeichne die Wege schön gleichmäßig breit und
füge auch zusätzlich kleine Seitenwege ein,
die ordentlich verwirren.
Wenn du damit fertig bist, lade dazu ein,
mit dem Bleistift den richtigen Weg zu finden.

Seid ihr zu mehreren, dann zeichnet jede und jeder ein Labyrinth,
zur Lösung tauscht die Zeichnungen aus.

# Wenn die Bilder sich verwandeln – Ein Daumenkino

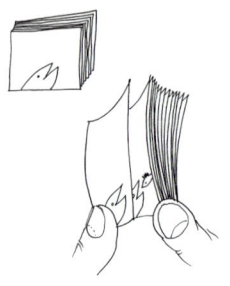

**E**in Daumenkino ist eine tolle Erfindung!

Auf jede der vielen Seiten eines kleines Vokabelheftes oder eines quadratischen Notizblockes zeichnest du eine Figur, immer ein klein wenig anders bewegt.

Wenn du mit dem Daumen die Seiten ganz schnell blätterst, dann bewegt sich die Figur wie im Kino.

Wollen wir wetten, wenn du das erste Daumenkino gezeichnet hast, wirst du immer neue Geschichten dafür erfinden wollen. Johannes jedenfalls hat schon eine ganze Sammlung davon. Ein paar Ideen siehst du hier abgebildet.

Lass dich ruhig anregen!

Zum Beispiel der kleine Fisch, der von einem Hai verschlungen wird ...

Das Ei, aus dem ein Küken schlüpft ...

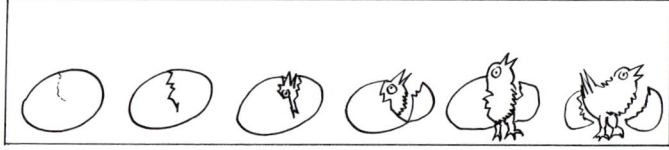

Das Männlein,
das den Berg hochrennt ...

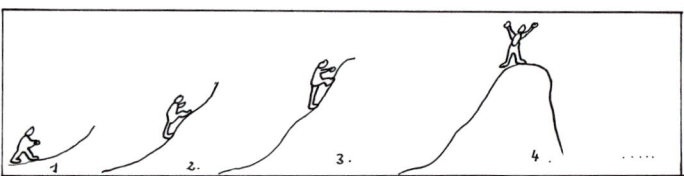

# IX.
# Wenn Gedichte zu Bildern werden ...

Ein solches Unternehmen ist nicht jedermanns Sache. Doch gerade Kinder haben oft viel Freude an Spaßgedichten und überhaupt kein Problem damit, witzige Bilder zu den Versen zu malen.

Gewiss, mit solchen Aufgaben sind sie mehr gefordert, als würden sie nur das zeichnen und malen, was ihnen gerade in den Sinn kommt, oder, was sie von sich aus gerne malen, weil sie es eben am besten malen können.

Das Gedicht mit seinen Wortbildern muss aufmerksam gehört und auch verstanden werden. Das erfordert höchste Konzentration. Erst allmählich stellen sich dann in der kindlichen Phantasie Bilder und flüchtige Farbvorstellungen ein, die auf das Papier gebannt werden sollen. Das alles ist eine mühsame Arbeit, die erst etwas ältere Kinder mit Erfolg bewältigen werden.

Und doch lohnt sich der Versuch. Ist erst einmal das Interesse geweckt, dann belohnt sich das Kind selbst mit köstlichen Bildern und übt zugleich spielerisch wie ein Illustrator die Kunstformen, Wort und Bild zu einer künstlerischen Einheit zu bringen.

# Im Haar von der Elise

Gedichte sind aufgeschriebene Bilder. Kannst du das Geschriebene in richtige Bilder zurückverwandeln? Zum Beispiel dieses Gedicht:

Im Haar
von der Elise
versteckte sich
ein Riese.
Und Katz & Maus
und Fink & Star
sind bei Elise drin
im Haar!

(J. Spohn)

Jürgen Spohn

Male ein Bild zu diesem Gedicht. Verstecke einen Riesen, und Katz und Maus, und Fink und Star in Elises dickem Haar!
Schreibe – wenn du magst – auch das Gedicht dazu.

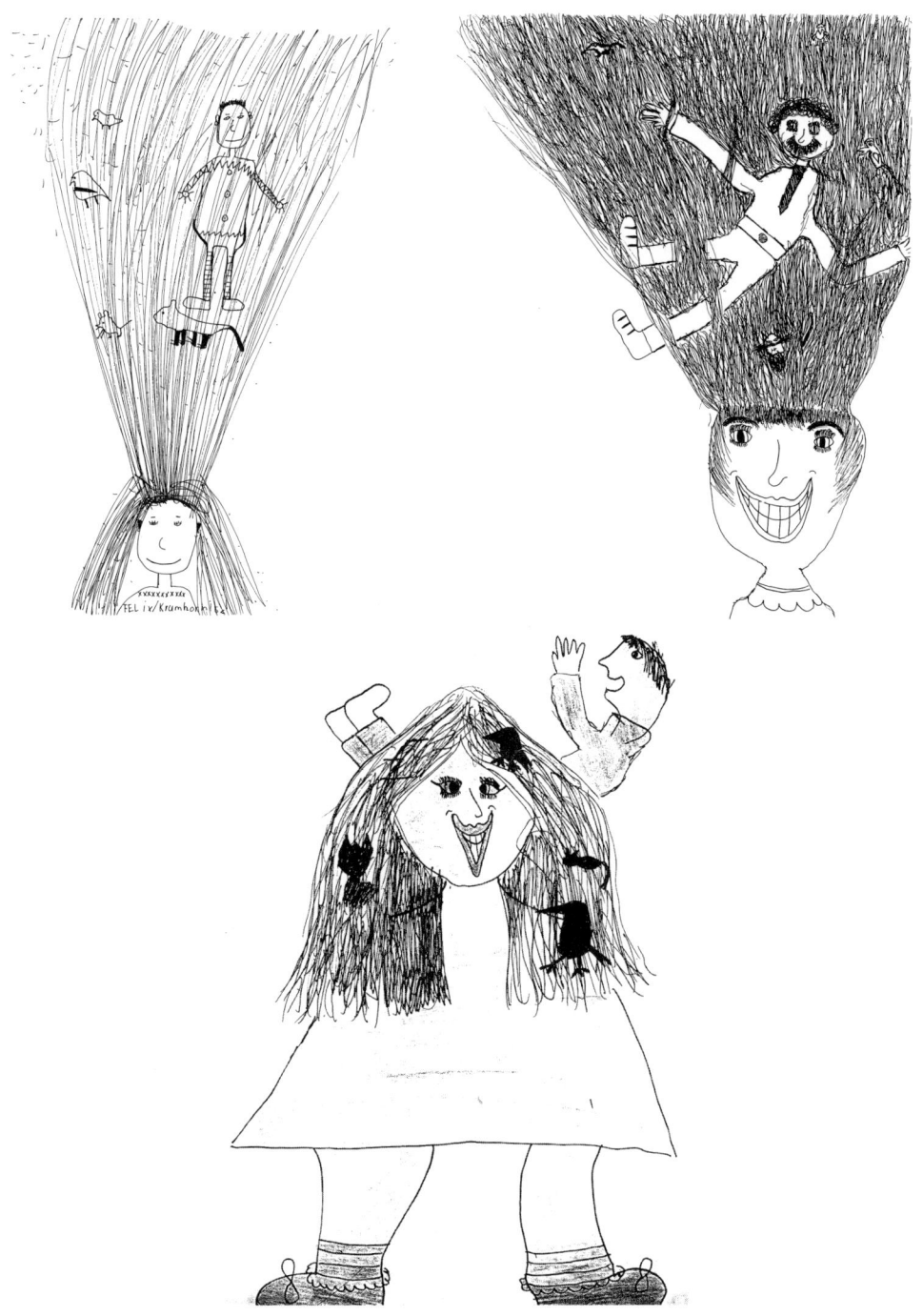

# Male dein »Sonntagsbild«

Nimm ein bisschen Birkenweiß,
nimm ein bisschen Grün;
ein paar Tropfen Blau und Rot
lass am Wege blühn.

So wird's gut. Die Sonne steht
als ein Fleck, ein gelber,
über einem, der da geht,
und das bist du selber.

Josef Guggenmos

Mache die Augen zu! Kannst du dir das Bild vorstellen?
Nimm einen Pinsel und Farben und male dich selber in einer bunten
Blumenwiese. Vergiss auch die gelbe Sonne nicht!

# Das Fischlein im Weiher

Weißt du, was das Fischlein im Weiher
macht,
wenn es Langeweile hat?
Es steht ganz still
im Wasser.
Und nun gib acht!

Es bläst ein Bläslein aus dem Mund.
Das trudelt nach oben,
kugelrund,
erst langsam,
dann schneller,
und platzt.

Dann aber schickt das Fischlein
drei, vier oder mehr
silberne Bläslein
dahinter her:
die trudeln geschwind,
wer das erste sei,
bis sie oben sind.

So macht es das Fischlein am Weiher.
Du meinst, das sei ein seltsamer Brauch?
Aber, wenn du ein Fischlein wärst –
du tätest es auch!

Josef Guggenmos

Hast du Lust, das Fischlein im Weiher zu malen?
Nimm Papier und Stift und fang gleich an!

# Die Vogel-scheuche

Die Raben rufen:
»Krah, krah, krah!
Wer steht denn da,
wer steht denn da?
Wir fürchten uns nicht,
wir fürchten uns nicht
vor dir mit deinem Brillen-
gesicht.

Wir wissen ja ganz genau,
du bist nicht Mann, du bist nicht Frau.
Du kannst ja nicht zwei Schritte gehn
und bleibst bei Wind und Wetter stehn.

Du bist ja nur ein bloßer Stock,
mit Stiefeln, Hosen, Hut und Rock,
Krah, krah, krah!«

Christian Morgenstern

Wie würdest du eine Vogelscheuche anziehen? Mit einem Strohkopf unter dem alten Hut? Mit Flickenhosen und T-Shirt oder mit einem alten ausge-stopften Kleid deiner Mutter?
Zeichne es auf und male mit dunklen Farben die Vogelscheuche. Das Kornfeld dahinter ist goldgelb. Ein paar Raben fliegen vorbei. Sie krächzen.

# Ich male mir den Winter

Ich male ein Bild,
ein schönes Bild,
ich male mir den Winter.
Weiß ist das Land,
schwarz ist der Baum
grau ist der Himmel dahinter.

Sonst ist da nichts,
da ist nirgends was,
da ist weit und breit nichts zu sehen.
Nur auf dem Baum,
auf dem schwarzen Baum
hocken zwei schwarze Krähen.

Aber die Krähen,
was tun die zwei,
was tun die zwei auf den Zweigen?
Sie sitzen dort
und fliegen nicht fort.
Sie frieren nur und schweigen.

Wer mein Bild besieht,
wie's da Winter ist,
wird den Winter durch und durch spüren.
Der zieht eine dicken
Pullover an
vor lauter Zittern und Frieren.

Josef Guggenmos

183

# ROBO

*I*n einem Haushalt gibt's
  zu tun
    von früh bis spät, tag-
  aus, tagein.
    Doch uns geht's gut. Den
  Laden schmeißt
  ROBO, der Roboter allein.

Er kocht, er spült, er saugt, er schrubbt.
Für ihn gibts kein Problem.
Wer wäscht das Auto? ROBO kann's! –
Wir machen's uns bequem.

Wer putzt die Fenster? Wer heizt ein?
ROBO! ROBO! ROBO!
Steigt einer nachts zum Fenster ein:
ROBO haut ihn k.o!

Seit einer Woche aber ist
ROBO so kurios.
Kann's eine Drahtverschlingung sein?
Ist eine Schraube los?

Er streicht die Zimmerlinde flach,
begießt die Kissen mit der Kanne.
Die Eier zieht er ritsch-ratsch auf,
den Wecker haut er in die Pfanne.

Wo jault der Hund? Er steckt im Müll.
Was rumpelt vor dem Haus?
ROBO führt an der Hundeleine
den Abfalleimer aus.

So werkt er unverdrossen fort,
von früh bis spät, tagaus, tagein.
Den Geldbriefträger schmeißt er 'naus,
den Dieb lässt er herein.

Er schafft so tüchtig wie nur je,
mit immer gleicher Miene.
Statt alter Wäsche stopft er jetzt
die Post in die Maschine.

Erst schnippelt er die Schuhe klein,
dann wichst er die Karotten.
Der Schellfisch wird schön abgestaubt,
das Telefon gesotten.

Wir haben ROBO angeschafft –
jetzt ist er Herr im Haus.
Zum Teppich sagt er: »Guten Tag!«
Und uns? Uns klopft er aus!

Josef Guggenmos

. . . . . . . . . . . . . .

Kleb' du den ROBO selber dir,
wie man es macht, das siehst du hier!
Johannes hat ihn aufgemalt
und ausgeschnitten
und schnell geklebt aus Altpapier.

185

# X. Anhang

## 1. Was man über Kinderzeichnungen wissen sollte

### Kreativität beginnt im Elternhaus

In seinem Buch »Kreativität« beschreibt der in den USA lehrende ungarische Psychologe Mihaly Csikszentmihalyi, wie man Kreativität individuell fördern könne.

Man müsse, so meint er, lernen, neugierig zu sein, andere in Erstaunen zu versetzen und Freude darüber zu empfinden, etwas wirklich gut zu tun. So entstünde ein positives Gefühl der Balance zwischen zu erfüllender Aufgabe und den eigenen Fähigkeiten.

Ganz in diesem Sinne und frühzeitig können wir die Kreativität unserer Kinder beim Malen, Zeichnen und Gestalten schon in der Familie fördern. Es genügt, Kinder auf ein Bildthema und seine Lösung neugierig zu machen, gemeinsam mit ihnen darüber zu staunen, wie sie auf kindliche Art – und ihrem jeweiligen Entwicklungsstand entsprechend – gestalten und ihnen auch zu zeigen, wie sehr wir uns mit ihnen über eine gelungene Zeichnung, über ein farbenfrohes Bild freuen.

## Malen und Zeichnen in der Familie darf nicht in Stress ausarten!

Das bedeutet Verzicht auf Leistungsdruck und falschen Erwachsenen-Ehrgeiz. Das bedeutet aber auch, dass wir Erwachsene uns mit Korrekturen zurückhalten, nie in Kinderbilder hineinmalen (auch nicht mit Worten!) und unsere Kinder nicht zum Vollstrecker eigener künstlerischer Ambitionen zu machen. Nur so kann Kreativität in der Familie erfolgreich gefördert werden und freies Gestalten Freude machen.

Mit den hier vorgeschlagenen Themen wird es leicht fallen, die jeweils richtige Anregung zu geben, wenn Ihr Kind Sie fragt: Was soll ich nur malen?

Für jüngere Kinder wählen Sie ein Ihnen passend erscheinendes Bildthema aus, wandeln es nach Gutdünken und den individuellen Interessen Ihres Kindes ab und erzählen ihm dann mit ihren eigenen Worten, was es alles Schönes, Spannendes oder auch Kniffliges zu zeichnen, zu malen und zu gestalten gibt.

Ältere Kinder, die lesen können, werden selbst zurechtkommen. Die Kurztexte wenden sich deshalb direkt an sie, ebenso das Vorwort für Kinder.

## Von der Freude, Kindern beim Gestalten zuzusehen

Kindern beim Malen zuzusehen macht unendlich viel Freude.

Wer aufmerksam verfolgt, wie ein Kind erst ungelenk, dann immer geläufiger Kringel, Linien und Punkte zu Formen seiner kindlichen, ganz individuellen Phantasiewelt zusammensetzt, wird reich belohnt.

Es ist, als schrieben Kinder ihre Gedanken, ihre geheimen Wünsche oder auch das, was sie täglich erleben, in eigenwilligen, manchmal nur schwer zu entziffernden Zeichen nieder.

Oftmals erzählen jüngere Kinder auch, während sie malen. So eröffnen sich wichtige Einblicke in ihre sich Schritt für Schritt erweiternde kindliche Vorstellungswelt. Staunend und nicht selten verbunden mit einem tiefen Glücksgefühl erleben Erwachsene dieses Sichtbarwerden kindlicher Kreativität.

Gleiches gilt auch für die bildnerischen Gestaltungen älterer Kinder. Ihre reiche und oftmals originelle Vorstellungswelt kann sich beim Zeichnen und Malen auftun. Auch in diesem Alter differenzieren sich Formen, Farben und Kompositionen weiter. Sie spiegeln nicht nur den kreativen Entwicklungsstand, sondern auch einen oft unerschöpflichen kindlichen Gestaltungswillen und ein sehr natürliches, ästhetisches Empfinden wider.

## Was Kinderbilder alles erzählen

An der Folge ihrer Bilder lässt sich ablesen, wie Kinder Schritt für Schritt ihre Umwelt erobern. Erst unsicher und bis zur Unkenntlichkeit verschlüsselt, dann immer klarer und realistischer malen sie alles, was ihnen wichtig ist oder was sie von den Dingen wissen.

Diese Entwicklung verläuft nicht immer stetig. Sie kann sprunghaft sein oder auch längere Zeit stagnieren. So kann ein Kind beispielsweise über Tage, möglicherweise sogar Wochen immer und immer wieder das gleiche Thema in Angriff nehmen, bis es ebenso plötzlich davon ablässt und sich neuen Aufgaben zuwendet.

Sorgen Sie sich nicht! Das ist kein Alarmzeichen, sondern der Ausdruck einer intensiven Beschäftigung mit einem für das Kind schwierigen Gestaltungsproblem. Erst, wenn seine Neugierde an diesem Gegenstand erlischt oder ihm das Problem der Darstellung befriedigend gelöst scheint, wendet es sich neuen Herausforderungen zu.

Diese können dann auch ganz anderer Natur sein. Zum Beispiel gibt es immer wieder Zeiten, in denen Zeichnen und Malen überhaupt nicht gefragt sind. Das sind Phasen, in denen das Kind seinen Forscher- und Betätigungsdrang auf andere Ziele richtet, z.B. auf das Hören von Märchen oder auf Bewegungsspiele im Freien. Auch diese gestalterischen Pausen entsprechen einer ganz normalen Entwicklung.

## Kinderzeichnungen sind auch ein Spiegel der Seele

Für den einfühlsamen Betrachter zeigen sie nicht nur den jeweiligen Entwicklungsstand, sondern sie sagen auch etwas über das Befinden des Kindes und vielleicht sogar, was das Kind insgeheim bedrückt.

Der übergroß gemalte Hund mit den »fletschigen« Zähnen beispielsweise will eigentlich sagen »vor dem habe ich Angst«. Die groß und rot gemalten Ohren erinnern an die heftigen, eben überstandenen Ohrenschmerzen. Ein Kind, das sich selbst allzu klein neben »übermächtigen« Geschwistern oder Eltern malt, fühlt sich vielleicht zu wenig beachtet oder gar erdrückt, während sich Eltern des kleinen Mädchens, das sich selbstbewusst und mit riesigen Haarschleifen hübsch geschmückt mitten ins Blatt malt, kaum Gedanken um sein Wohlbefinden innerhalb der Kindergruppe zu machen brauchen.

## Wie sich Kreativität behutsam fördern lässt

In unserer hektischen und schnelllebigen Zeit kommt es vor allem darauf an, Kindern genügend Ruhe und Freiraum für kreatives Tun zu verschaffen. Kinder sollten immer dann malen und zeichnen, formen und gestalten können, wenn sie selbst danach verlangen. Das ist am besten zu Hause oder auch in der vertrauten Umgebung des Kindergartens möglich.
Ein fester Platz an einem Tisch, auf dem auch angefangene Zeichnungen eine Weile liegen bleiben dürfen, dazu ein paar farbige Stifte und genügend Papier reichen für den Anfang vollauf.
Zu früh angebotene Malausrüstungen und kostbare Zeichen- und Bastelmaterialien engen das natürliche Improvisationstalent und die kindliche Kreativität unnötig ein, während schlichte Papiere in verschiedenen Formaten (Reste, auch aus dem Papierkorb und Packpapiere!) eine willkommene Abwechslung bieten.

Auch wenn Sie nur wenig Zeit haben, schauen Sie hin und wieder Ihrem Kind beim Malen und Gestalten zu. Nur, wenn Sie auch seine Bilder ernst nehmen, fühlt es sich ganz verstanden und angenommen. Das bedeutet auch, eine Weile mit den kleinen Kunstwerken zu leben. Sicher findet sich in jeder Wohnung ein Plätzchen, wo die neuesten Bilder eine Weile mit Stolz betrachtet und auch Freunden gezeigt werden können.

# 2. Zur Entwicklung der Kinderzeichnung – Eine Zusammenfassung

## Kinder zeichnen und malen nie falsch!

Kinderzeichnungen sind schöpferische Mitteilungen, die besonderen, entwicklungsbedingten Gesetzen folgen. Sie spiegeln jede Phase der schrittweisen kindlichen Entwicklung.

Kinderzeichnungen teilen etwas mit über das seelisch-geistige Befinden des Kindes und über den Stand seiner Auseinandersetzung mit der Welt.

Kinder stellen Dinge anders dar, als Erwachsene sie sehen.

Sie bilden nicht ab, sondern stellen das dar, was sie von den Dingen erfasst haben und/oder was sie für wichtig halten.

Kinder zeichnen nur nach ihrer Vorstellung.

## Erwachsene müssen lernen, Kinderzeichnungen zu verstehen!

Das bedeutet, Gesetzmäßigkeiten bestimmter Entwicklungsphasen (Altersstufen) zu erkennen und als kindgemäß, vor allem als »richtig« zu akzeptieren, statt mit Fragen (»Was soll denn das sein ...?«) und – wenn auch gutgemeinten – Verbesserungsvorschlägen (»Einen Baum zeichnet man doch anders ...«) Kindern eine Erwachsensicht aufzudrängen.

# Entwicklungsbedingte Charakteristika erkennen, aber nicht überbewerten!

Auch wenn wir von Entwicklungsstufen sprechen, treffen wir auf gleitende Übergänge, auf früher auftretende oder scheinbar verspätete Bildmerkmale. Verschiedentlich wurden Einteilungen nach altersbedingt zeichnerischen Symptomen versucht (Kerschensteiner, Kienzle, Meyers u.a.), doch können dies nur grobe Raster sein, an denen wir uns *vorsichtig* orientieren. Diese Vorsicht gilt auch gegenüber möglichen Gestaltungsunterschieden zwischen Mädchen- und Jungenzeichnungen.

Nachfolgend eine kurze Zusammenfassung wichtigster Entwicklungsmerkmale der Kinderzeichnung und ihrer Terminologie.

## Kritzelstufe

(ca. 1,5 – 2,5 Jahre)

Motorisch bedingtes Hin- und Herschwingen und das Erlebnis, sichtbare Spuren zu hinterlassen, führt zu verschiedenen reinen, aber auch vermischten Formen des Kritzelns.

Nach Hans Meyers (Die Welt der kindlichen Bildnerei, Witten [5]1973) sind zu unterscheiden: Hiebkritzeln, Schwingkritzeln, Kreiskritzeln, dazu Mischformen bzw. erstes sinnunterlegtes Kritzeln.

*Bildform:*
Streubild, scheinbar wahllos werden Kritzeleien über das Blatt verteilt, wo gerade Platz ist.

## Von der sinnunterlegten Spiral-Zickzackstrecke und Kastenform zu ersten Menschendarstellungen

(ca. 3 und 4 Jahre)

Entsprechend seiner fortschreitenden Feinmotorik und dem Stand seiner »Ich«- und Umwelterfahrung entdeckt das Kind neue Zeichenformen: die Ordnung von Strichen und Kreisen zu Zickzack-, Spiral- oder Kastengebilden, die bereits als Körper empfunden werden.

Nach und nach benennt das zeichnende Kind diese für die Erwachsenen noch kaum identifizierbaren Gebilde mit Namen: »Ich«, »Papa«, »Haus« ... Zusätzlich können in Anzahl und Richtung scheinbar wahllos Striche gesetzt sein, erste Andeutungen der am eigenen Körper erfahrenen Glieder.

*Bildform:*
Weiter Streubild; auch Drehbild, dabei wird jeweils entlang dem unteren Bildrand gemalt. Ist dieser ausgefüllt, wird das Bild gedreht und weiter am unteren Bildrand gemalt.

## Vom Kopffüßler zu differenzierterer Menschendarstellung
(ca. 3,5 – 6 Jahre)

Zunehmend verfeinert das Kindergartenkind seine Formgebilde und fügt nach expressiven richtungslosen Strichen nun bewusst auch Füße an Kreis- und Kastenformen.
Der so genannte Kopffüßler ist geboren. Es folgen bald Arme und verschiedene Anzahl Striche für »Finger«. Bald werden Kopf und Rumpf getrennt. Das große Gesicht erhält Augen, Nase und Mund. Jetzt werden auch mehrere Bildelemente zu einer erzählenden Szene nebeneinander geordnet.

*Bildform:*
Drehbild oder Streifenbild, in diesem Fall wird in gleichmäßigen Abständen nur entlang der unteren Bildkante gezeichnet.

## Vorschulkind und schulreifes Kind
(ca. 4,8 – 6,5 Jahre)

Spätestens bei Schuleintritt zeigt sich eine auffällige Differenzierung. Menschen haben nun nicht nur einen Rumpf, sondern auch einen Hals, abzählbare Finger, Füße, oftmals in einer Richtung im rechten Winkel vom Bein abstehend.

Menschen werden »schön« gezeichnet mit Haaren, Bart, Hüten. Insgesamt gesehen, verwenden Kinder dieses Alters gerne einmal entwickelte und wieder und wieder geübte »Bildschemata«, z.B. für Mensch, Tier, Haus, Baum, Blume ...

In dieser oftmals zum »Schematisieren« neigenden Entwicklungsstufe setzen erste szenische Bildgestaltungen ein und auch viele der in diesem Buch vorgestellten illustrierenden Bildbeispiele schulreifer Kinder.

In dieser Entwicklungsphase zeichnen und malen Kinder besonders gern und viel. Im Einzelnen können folgende Gestaltungsmerkmale auftreten:

❒ Streifenbild: Das erzählende Bild ist meist streifenförmig aufgebaut.
❒ Reihung: Gegenstände sind in Abständen scheinbar beziehungslos nebeneinander aufgereiht. Noch keine Überschneidungen!
❒ Bedeutungsmaßstab: Wichtige Dinge werden übergroß dargestellt.
❒ Röntgenbild: Unsichtbare Dinge werden sichtbar gezeichnet (Tiere im Stall; Puppe im Sack des Nikolaus).
❒ Kopf-Rumpffüßler: Menschendarstellung mit Gesicht, Haaren, im rechten Winkel abstehenden Stricharmen, -fingern und -füßen.
❒ Rechtwinkligkeit der Gebärden: Noch keine Seitensicht, keine Schrägen in Arm- und Beingebärden.
❒ Frontalsicht: Alle Bildelemente werden von vorn gesehen.
❒ Sonnen- und Strichhimmel: Gelegentlich begrenzt ein einzelner, waagerechter Strich an der oberen Bildkante die Szene und bedeutet ebenso wie die Sonne mit »Igelstrahlen«: Himmel.
❒ Keine Räumlichkeit: Kinder dieses Alters malen von sich aus keinen Hintergrund!
❒ Tiere/Häuser werden aus den Grundformen »Kasten« und »Kreis« sowie differenzierenden Strichen und Kringeln zusammengesetzt.
❒ Besenbaum-, Leiterbaum: Kastenstamm wird mit einzelnen Strichen oder Ästen im rechten Winkel zum Stamm gemalt.

❏ Reine Farben werden in der Regel ungemischt und unabhängig von den wahren Gegenstandsfarben verwendet.

## Gestaltungsmittel der reifen Kindheit
(7 – 10 und 11 Jahre)

Etwa ab dem 7. Lebensjahr sind immer weitere Verfeinerungen bezüglich der Proportionen, der Bewegung, der Raumlage und Raumdarstellung sowie der Farbe zu beobachten:

❏ Schrägstellung von Armen und Beinen. Figuren agieren, es kommt Leben in die Szene (vgl. S. 66).
❏ Flächige Körperlichkeit ersetzt Stricharme und Strichbeine, Finger werden richtig abgezählt und dick knubbelig gezeichnet.
❏ Schmückende Elemente machen das Bild »schön«, z.B. Knöpfe, Stöcke, Kleidermuster, Blumen und Blätter, Wolken.
❏ Steilbild und Flächenbild ersetzen das Linien- und Streifenbild. Oft wird die Szene in »Draufsicht« gezeichnet, d.h. der mittlere Bildraum zwischen unterer Bildkante und Himmelsbegrenzung am oberen Bildrand wird ganz mit Figuren gefüllt.
❏ Mehrstreifenbild für längere Erzählfolgen kommt vor.
❏ Umklappen von Gegenständen, die von vorn, aber auch von oben gesehen werden sollen, z.B. gedeckter Tisch u.a. Mischformen.
❏ Farbdifferenzierung durch Mischen nimmt zu, die Malfarben orientieren sich an Gegenstandsfarben.

## Bilder der Vorpubertät und Pubertät
(ab 10 bzw. ab 12 Jahren)

In dieser Gestaltungsphase, die durch die Aufnahme von Sachwissen mitbestimmt ist, fließen viele Fremdeinwirkungen in die Bildgestaltung ein. Der Wunsch nach richtiger Darstellung wird immer stärker und ruft Unmut hervor, wenn die Zeichnungen nicht diesen Vorstellungen entsprechen.

- Perspektive und Räumlichkeit werden entdeckt und die Technik ihrer Darstellung wird erfragt: »Wie muss ich zeichnen, dass es richtig wird?«
- Licht und Schatten und die Plastizität von Körpern werden erprobt.
- Bühnenmäßiger Bildraum mit perspektivischer Verkürzung zur Bildtiefe hin tritt anstelle des Steil- bzw. Flächenbildes.
- Ähnlichkeit mit der Realität wird mehr und mehr das Ziel aller Bemühungen.
- Farbdifferenzierung, gebrochene Farben und »schöne« Farbtöne werden selbstständig gewählt. Vorlieben für bestimmte Farbzusammenstellungen sind zu erkennen.
- Individuelles statt schematisches Gestalten, persönliche Gestaltungswünsche und -möglichkeiten treten mehr und mehr zutage.

# 3. Von Auto bis Zeppelin – Oder was Kinder alles malen könnten

## Weitere Bildideen für Unersättliche

# A

**wie Auto, Ameise und Ast**

Unser Auto steht vor dem Haus
Der Postbote bringt ein Paket mit dem gelben Postauto
Ein feuerrotes Feuerwehrauto rast vorbei
Viele Leute sitzen im Autobus
Ein Auto wird abgeschleppt
Auf der Autobahn – Autos warten im Stau
In der Autowerkstatt
Auf dem Autofriedhof
Autos am Fließband in der Fabrik
Eine Ameise geht auf die Reise
Es wimmelt im Ameisenhaufen
Die Krähe auf dem Ast

196

#  B

### wie Bär, Bagger und Bulldog

Mein lieber Bär hat große Ohren
Papas Bulldog
Bagger an der Baustelle
Was Pu der Bär alles erlebt
(Kinderbuch)
Eine Bärenfamilie im Zoo
Die Bremer Stadtmusikanten
Was ich an der Baustelle alles gesehen habe
Die Blumenwiese

# C

### wie Clown, Couch und Cowboy

Ein Clown steht Kopf
Die Clownpyramide im Zirkus
Die ganze Familie sitzt auf der
Couch
Cowboys im wilden Westen

# D

**wie Dinosaurier, Drache und Dornröschen**

Der Zug der Dinosaurier
   Feuerspeiende Drachen kämpfen miteinander
      Bunte Drachen im Herbstwind
      Siegfried besiegt den Drachen
      Der Nachbar führt seinen Dackel aus
      Dornröschens Schloss hinter stache-
      ligen Rosenhecken

# E

**wie Eisbär, Eisenbahn und Esel**

Lars der kleine Eisbär
(Kinderbuch)
Die Eisenbahn
Kinder am Eisstand
Eislaufen im Winter
Maria reitet mit dem Jesuskind
auf dem Esel

## F

**wie Fisch, Flugzeug und Fliege**

Der Fischverkäufer auf dem Markt hält seine
Fische feil
Den hohen Fernsehturm zeichnen
Ein Fantasiebild in zarten Farben malen
Flugzeuge landen und starten am Flughafen
Ein Flugzeug fliegt über der Stadt

## G

**wie Gespenst, Gans
und Gedicht**

Die goldene Gans (Märchen)
Das kleine Gespenst
Das Gespensterschloss

## H

**wie Haus, Hexe und Hochzeit**

Ich male unser Haus
Das größte Hochhaus
Hexe und Hexenhaus
Hänsel und Gretel
Der böse Hund
Der Hahn kräht
Märchenhochzeit

# I

## wie Igel, Indianer und Insel

Mein Igel hat viele Stacheln
Der Hase und der Igel
Drei Indianer rauchen Friedenspfeife

# J

## wie Josef, Junikäfer und Jahrmarkt

Das Karussell auf dem Jahrmarkt

# K

## wie Kasperl, Kuh und König

Wie der Kasperl die Großmutter ärgert
Der König sitzt auf seinem Thron
Ein hoher Kran
Nachbars Katze
Kühe auf der Weide
Der Koch mit der weißen Mütze
Koffer einpacken – Koffer auspacken

# L

## wie Laterne, Löwenzahn und Lokomotive

**M**

wie Malen, Musik und Maus

Katz und Maus

 **N**

wie Nordpol, Nase und Nashorn

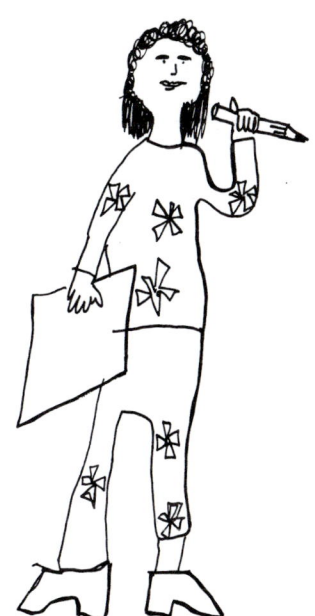

 **O**

wie Opa, Oma und Osterei

**P**

wie Prinzessin, Peter und Pumuckl

Die schöne Prinzessin
Prinzessin auf der Erbse (Märchen)

 **Q**

wie Qualle, Quark und Quelle

# R

### wie Riese, Räuber und Rumpelstilzchen

Rübezahl
Ein Riese
Das Riesenspielzeug (Sage)
Das zornige Rumpelstilzchen
Wie sieht Räuber Hotzenplotz aus?
Ritterburg

# S

### wie Schiff, Schnecke und Schornsteinfeger

Ein Segelschiff auf dem Meer
Viele Schiffe, auch Ozeanriesen und Barkassen in einem Hafen
Der Schatz im See

Schneckenhaus mit Schnecke
Das Wettrennen der Schnecken
Eine Stadt mit vielen Häusern
Der Schornsteinfeger auf dem Dach
Die gelbe Sonnenblume malen
Der Storch fängt Frösche
Ein bunter Schmetterling auf
der Blume

## T

**wie Turm, Tiger und Turn-
stunde**

Gespensterturm
Tiere verstecken
Unter dem Tannenbaum
Ein gestreifter Tiger
schleicht durch
den Busch
Die fröhliche Turnstunde

## U

**wie Uhr, Uhu und Unterhose**

Uhu auf einem Ast
Wie sieht die Uhr von innen aus?
Urwaldtiere
Unterhosen trocknen auf der
Wäscheleine

# V

**wie Vogel, Vulkan und
Veilchen**

Eine im Meer versunkene Stadt
(Atlantis)
Vogelnest
Der Vulkan bricht aus

# W

**wie Wind, Wald und Winterbild**

Der Wind bläst alle Leute um
Wolken jagen am Himmel
Das Meer macht große Wellen
Die Hexe im Wald
Schneemänner bauen

# X, Y und Z

**wie Zeppelin, Ytong und Zirkus**

Zwerg Nase
Der Zinnsoldat (Märchen)
Ein Zeppelin fliegt über die Stadt

# Quellenverzeichnis

**S. 178**
Jürgen Spohn, Im Haar von der Elise. Aus: Ders., Drunter und drüber. Verse zum Vorsagen, Nachsagen, Weitersagen. C. Bertelsmann Verlag, München 1996. Rechte: Barbara Spohn

**S. 180**
Josef Guggenmos, Male dein »Sonntagsbild«. Aus: Ders., Ich will dir was verraten. Beltz Verlag, Weinheim und Basel 1992. Programm Beltz & Gelberg, Weinheim

**S. 181**
Josef Guggenmos, Das Fischlein im Weiher. Rechte beim Autor

**S. 183**
Josef Guggenmos, Ich male mir den Winter. Quelle wie S. 178

**S. 184**
Josef Guggenmos, ROBO. Rechte beim Autor